قال تعالى : (قُلْ لَوْ كَانَ الْبَحْرُ مِـدَادًا لِكَلِـمَاتِ رَبِّي لَنَفِـدَ الْبَحْرُ
قَبْلَ أَنْ تَنْفَدَ كَلِمَاتُ رَبِّي وَلَوْ جِئْنَا بِمِثْلِهِ مَدَدًا)

الأخلاق

ما بين علميّ التربية والنفس

الأخلاق

ما بين علميّ التربية والنفس

الـدكتور عطـيـة خـلـيـل حمودة   الدكتور محمود الشاذلي

الطبعة الأولى

2010 م / 1431هـ

دار البداية ناشرون وموزعون

المملكة الأردنية الهاشمية
رقم الإيداع لدى دائرة المكتبة الوطنية (2009/10/4311)

170
حمودة ، عطية خليل
الاخلاق مابين علمي التربية والنفس / عطية خليل حمودة،محمود عبد الحفيظ الشاذلي
. _ عمان: دار البداية ناشرون وموزعون ، 2009.
( ) ص.
ر.أ: (2009 / 10 / 4311)
الواصفات: / الاداب الاجتماعية // السلوك الاجتماعية /

* إعدادت دائرة المكتبة الوطنية بيانات الفهرسة والتصنيف الأولية
*يتحمل المؤلف كامل المسؤولية القانونية عن محتوى مصنفه ولا يعبر هذا المصنف عن راي دائرة المكتبة الوطنية او أي جهة حكومية أخرى .

الطبعة الأولى

2010م /1431 هـ

دار البداية ناشرون وموزعون
عمان - وسط البلد
هاتف: 4640679 6 962+ تلفاكس: 4640597 6 962+
ص.ب 510336 عمان 11151 الأردن
Info.daralbedayah@yahoo.com
مختصون بإنتاج الكتاب الجامعي
ISBN: 978-9957-82-011-4 (ردمك)

مقدمة

الحمد لله رب العالمين، والصلاة والسلام على سيد المرسلين، خاتم الأنبياء، وسيد الشهداء، إمام المتقين، وعلى آله وصحبه أجمعين، ومن تبعهم إلى يوم الدين، أما بعد:

أن هذا الكتاب جاء ثمرة طبيعية لما تم دراسته وقراءته على مر السنوات السابقة، إن الحاجة إلى البحوث الأخلاقية تفرض نفسها في الوقت الذي يبدأ الناس فيه، بالتشكيك في الأخلاق السائدة، وعندما يتساءلون عن أسس الطالب الخلقية، تلك المطالب التي تكون حتى ذلك الحين، قد قبلت على أساس ديني أو على أساس تقليد البحث، وقد نشأ علم الأخلاق لدى اليونان القدماء في ظل ظروف من هذا القبيل، وقد انحلت فيه عرى الأخلاق لدى طوائف الشعب، وشاعت فيه الفوضى والأخلاق.

جاء الإسلام متمثلا بالرسالة التي جاء بها محمد صلى الله عليه وسلم الذي ركز على الأخلاق وتكميلها، ولخص رسالته كلها في عبارة جامعة حيث يقول: "إنما بعثت لأتمم مكارم الأخلاق" وتمثلت تعاليم الإسلام في القرآن الكريم والسنة النبوية، وأخذ العرب يتدبرون هذه التعاليم وما اشتملت عليه من آداب وتشريع فاتسعت مداركهم وتفتحت عقولهم على آفاق جديدة من العلم والمعرفة.

في الوحدة الأولى من الكتاب تطرق الباحث إلى العلاقة بين علم الأخلاق الفلسفي والديني، ثم عرف الأخلاق ومجالاته وفوائده واتجاهاته وأسباب الإهتمام به وبمنهجه ونشأته ثم تعرض لأهم مقاييسه.

أما الوحدة الثانية تطرق الباحث إلى أهم تصنيفات الأخلاق، فقد تم تصنيفها على أساس المحتوى ثم على أساس المقصد، فالشدة فالعمومية، فالوضوح فالدوام، وأخيرا وضح أهم التصنيفات للأخلاق وهي: المجتمعية والعقائدية والفكرية والمهنية، ثم تعرض إلى آراء بعض الفلاسفة والديانات في الأخلاق.

أما الوحدة الثالثة فقد تم توضيح العلاقة بين التربية الأخلاقية والعملية التربوية، مستعرضا بعض النظريات كنظرية التحليل النفسي لفرويد، ونظرية التعلم، ونظرية النمو الأخلاقي، ومناهج التربية الأخلاقية.

أما الوحدة الرابعة، فقد تم توضيح العلاقة بين الأخلاق والقيم بالخير والشر، فتم تصنيف القيم، وتوضيح طبيعتها ومصادرها وخصائصها وأهميتها وعلاقة التربية بالقيم.

أما الوحدة الخامسة، فقد تم التعرف إلى وظيفة التربية الأخلاقية وهي المسؤولية موضحا: معناها وأنواعها ودرجتها، والإلزام الخلقي: مصادره وعلاقته بالعرف والدين، والجزاء: أنواعه وأثره.

أما الوحدة السادسة، فقد تم توضيح دور الأسرة في غرس الحس الأخلاقي للأفراد والمجتمع، فتم تعريف الأسرة وخصائصها ودورها في تنمية الحس الأخلاقي للأفراد والمجتمع.

أما الوحدة السابعة، فقد تم توضيح دور المؤسسات الإجتماعية في تنمية الحس الأخلاقي، فتم توضيح الدوافع التي أدت إلى الإهتمام بها، والعوامل المؤثرة في الحس الأخلاقي، وقد تم التعرف على بعض المؤسسات الإجتماعية كدور العبادة والنوادي وأماكن الترويح ورفاق اللعب ووسائل الإعلام والإذاعة والتلفاز وأثرها على تنمية الحس الأخلاقي.

أما الوحدة الثامنة، تم توضيح أخلاقيات مهنة التعلم في المدرسة، فالتعليم رسالة مقدسة ومهنة سامية، وتم التعرف على صفات المعلم وأخلاقيات مهنة التعليم، ومصادر أخلاقيات مهنة التعليم وعلاقة المعلم بمدير المدرسة.

أما الوحدة التاسعة، فقد تم التعرف على أخلاقيات مهنة التعليم في المجتمع المحيط، فقد تم التعرف على ماهية التعليم وأهميته في المجتمع، وأخلاقيات مهنة التعليم في المجتمع المحيط.

وتتناول الوحدة العاشرة، الأسس النفسية للأخلاق من حيث نظرة علماء النفس للسلوك الأخلاقي، وأبرز النظريات العلمية النفسية التي تناولت موضوع الأخلاق ومراحل تطوره، حيث تم التطرق إلى وجهات نظر كل من النظرية السلوكية والتحليلية ونظرية التعلم الإجتماعي ونظرية بياجيه ونظرية كولبرغ، إضافة إلى أبرز الإنتقادات التي وجهت لكل نظرية منها، وتناول الموضوع الأخير فكرة تعليم السلوك الأخلاقي.

أما الوحدة الحادية عشرة، فتناولت مفهوم الذكاء الأخلاقي وأبرز مكوناته وهي الضمير الذي يمثل جرس الإنذار المبكر للفرد عند ارتكابه عملا غير أخلاقي، والعدل في إعطاء الحقوق لأصحابها والنظر بحيادية للأمور بغض النظر عن المصالح الشخصية، والتمثل العاطفي لمشاعر الآخرين والإحساس بقضاياهم، والرقابة الذاتية الداخلية لأفعال الفرد، والعطف والتعاطف مع الآخرين والشعور بآلامهم، وفضيلة الإحترام الذي يعامل الفرد بها الآخرين بتقدير يماثل ما يرغب أن يعاملوه وفقه، والفضيلة السابعة وهي التسامح التي يتجاوز بها الفرد وأخطاء الضعفاء ويتجاوز عنها رغم قدرته على الإنتقام.

د. عطيـة خليل عطيـة / د. محمد عبدالحفيظ الشاذلي

الوحدة الأولى

علم الأخلاق

علم الأخلاق

علم الأخلاق بين الدين والفلسفة:

إن هدف الأخلاق هو وضع مثل أعلى أمام الإنسان متمثلاً في قيم ومبادئ خلقية، ليسير على هديها ويهتدي بنورها، فإننا لا نستطيع أن نقول: أنه لا خلاف بين هذين العلمين، إذ أن الهدف واحد في كلا الحالتين، ولكن الخلاف بينهما في النهج الذي يتبعه كل منهما، فنقطة انطلاق الباحث في الأخلاق الفلسفية تختلف عن نقطة الانطلاق عند الباحث في الأخلاق الدينية، أي أن الطريق الذي يسلكه كل منهما للوصول إلى الهدف الواحد مختلف.

فعلم الأخلاق الديني يعتمد على الوحي السماوي، ونقطة إنطلاقه هي الدين إسلامياً أم مسيحياً أم يهودياً، وعلى ذلك فالأخلاق الدينية لا ترى هناك حاجة إلى البحث العلمي في أساس الخير والشر، والفضيلة والرذيلة، إذ أن الدين قد وضع فعلاً مبادئ علم الأخلاق الفلسفي فإنه يعتمد أساساً على العقل، وتسعى الفلسفة الخلقية إلى تحليل ما يسمى بالوقائع الخلقية وتأسيسها تأسيساً فلسفياً، أي تبحثها بالطرق الفلسفية البحتة.

وتتمثل المسائل الأساسية للفلسفة الخلقية في البحث عن ماهية الخير والشر وعن الأساس النظري للواجبات وعن العلاقة بين الخلقية والسعادة. ويستحضر المنهج الفلسفي أمام عينيه عمل الإنسان بأغراضه وشروطه، ويراعى بوجه خاص أننا نعرف التفرقة بين الخير والشر، وأن لنا وعياً وإدراكاً بأنه ينبغي علينا أن نترك الشر وأن نعمل الخير، وعلى أساس هذا البحث يحصل الإنسان على إدراك ثابت لتقييم عمله من الناحية الخلقية.

إن علم الأخلاق الفلسفي لا يتعارض مع علم الأخلاق الديني، ولا بد أن نقول أن العقل هو أداة الفلسفة لجميع فروعها ومنها الأخلاق، وهو هبة من الـلـه

للإنسان ليميزه به، ويسير مسترشداً بهديه، ومن ناحية أخرى فإن الوحي هبة من الـلـه للإنسان لهدايته وإرشاده لدنياه وآخرته.

وبما أن المصدر واحد فلا يمكن أن يكون هناك تناقض أو نزاع بين الوحي الذي هو من الـلـه والعقل الذي هو من الـلـه أيضاً وإنما يكمّل كل منهما الآخر. ولا يمكن الاستغناء عن الآخر، فالعقل والنقل يسيران في القرآن معاً جنباً إلى جنب، وهذا ما يؤخذ من قوله تعالى:

(وَقَالُوا لَوْ كُنَّا نَسْمَعُ أَوْ نَعْقِلُ مَا كُنَّا فِي أَصْحَابِ السَّعِيرِ) (سورة الملك، آية10) .

وكلاهما في نهاية الأمر مرده إلى الـلـه، ولهذا فالأحرى أن لا نعتبرهما مصدرين مختلفين للإلزام الخلقي، وإنما نراهما مستويين لمصدر واحد.

ومن أجل ذلك يرى الإمام الغزالي العلاقة بينهما على أنها علاقة تعاون وتعاضد لا علاقة نزاع وتضاد. (إحياء علوم الدين 17/3) .

وخلاصة القول: إن العقل والدين يسيران جنباً إلى جنب في سبيل الخير والسعادة للإنسان في دنياه وآخرته، أما مسألة الخلاف بين العقل والتعقل أو بين العلم والدين، مسألة نشأت أساساً في أوروبا في ظروف لم يكن لها نظير في الأساس، وبالتالي فالجدل فيها بالطريقة التي أثيرت في أوروبا لا جدوى منه بالنسبة للمسلمين، إذ هو جدل حول مسألة لا وجود لها في حقيقة الأمر في الإسلام.

تعريف الأخلاق:

علم يفسر لنا الخير والشر أو يوضح لنا الصورة المثلى التي ينبغي أن يتبعها الناس في معاملاتهم للآخرين ويبين ما ينبغي أن يقصده الناس في أعمالهم من غايات أو باختصار هو علم ينير الطريق لما ينبغي أن يكون.

مجالات علم الأخلاق:

1. **علم الأخلاق العملي:** يبحث في أنواع الملكات الفاضلة التي ينبغي على الإنسان أن يتحلى بها، ويمارسها في حياته العملية اليومية، وذلك مثل الصدق والإخلاص والأمانة والوفاء والعفة والشجاعة والعدل والرحمة ونحو ذلك.

2. **علم الأخلاق النظري:** ويبحث في المبادئ الكلية التي تستنبط منها الواجبات الفرعية، "كالبحث عن حقيقة الخير المطلق وفكرة الفضيلة من حيث هي، وعن مصدر الإيجاب ومنبعه، وعن مقاصد العمل البعيدة وأهدافه العليا ونحو ذلك.

فوائد علم الأخلاق:

1. ترشيد السلوك الإنساني وتوجيهه نحو القيم الخلقية والمثل العليا على أساس من الفهم والوعي والإدراك.

2. تقوي إرادة الإنسان على الخير وسلوك الطريق القويم وتنشيط العزيمة على المضي في سبيل الفضيلة والاهتداء بها في أعمالها.

3. تكسب صاحبها القدرة على الدقة في تقدير الأعمال الأخلاقية ونقدها من غير أن يخضع في حكمه للعرف أو العادة أو يتأثر بحكم الزمان أو المكان.

اتجاهات علم الأخلاق:

أولاً: إتجاه معياري: يضع علم الأخلاق قواعد أخلاقية للحياة الإنسانية وهكذا يجعل المثاليون مهمة الفلسفة الخلقية في وضع مثل إنساني أعلى للسلوك الخلقي يتبعه الناس في كل زمان وفي كل مكان باعتبارها موجودات عاقلة.

ثانياً: إتجاه وضعي: ترى أنه ليس من الواجب لهذا العلم وضع قواعد أخلاقية للسلوك الإنساني، فذلك – في نظر الوضعية – أمر غير ممكن – بل غير

جائز. وتنحصر مهمة هذا العلم في نظر الوضعين في تقرير الوقائع الأخلاقية ووصفها وتوضيحها.

أسباب الاهتمام بالتربية الأخلاقية:

1. ظهور المجتمع المتنوع الأجناس والأعراق مما أدى إلى ظهور العديد من المشكلات النفسية كالاغتراب، والاجتماعية كالعنف والمخدرات، وانهيار سلطة المؤسسات كالأسرة والمدرسة ومشكلات التلوث البيئية.
2. شيوع الآلية في العلاقات الإنسانية وفقدان الدفء والحرارة في هذه العلاقات.
3. التغيرات التي أحدثتها التكنولوجيا في الحياة المعاصرة مثل توفر وسائل الفناء الجماعي.
4. ثورة الحريات في العالم ضد المظالم التي أوقعها الإنسان على المستوى الفردي والجماعي.
5. الحاجة إلى معالجة أمراض المجتمع والجوانب السلبية فيه وإلى تنمية الجوانب الإيجابية.
6. الحاجة إلى نضج شخصية الإنسان وعدم الرضا بالتربية المعاصرة التي تقتصر على التدريب العملي.

مناهج علم الأخلاق:

أولاً: المنهج التجريبي: يستند إلى أن هناك طريقاً واحداً للمعرفة وهو التجربة أو الخبرة، ويقصد بالتجربة هنا التجربة الحسية فقط، ويستخدم المنهج التجريبي طريقة الاستقراء أي أنه يصعد من الجزئيات إلى الكليات أو من الخاص إلى العام، بتحليل الظواهر والأعمال الأخلاقية ومعرفة بواعثها للوصول إلى قانون عام.

ثانياً:المنهج العقلي: يستخدم العقل للحصول على المعارف، وأصحاب المذهب العقلي يرون أن العقل قسمة مشتركة بين الناس جميعاً، وقوة فطرية فيهم، وهو

مصدر كل معرفة يقينية يقيناً مطلقاً، وأحكام العقل تتميز بالضرورة، وبالصدق المطلق لا تحدها حدود مكانية أو زمانية. ويتخذ المنهج العقلي طريقة الاستنباط "القياسي" الذي ينطلق فيه من الكلي للجزيئات أو من العام إلى الخاص.

نشأة التربية الأخلاقية:

لم تقم دراسات علمية في التربية الأخلاقية قبل القرن القرن العشرين، أما قبل ذلك، فقد كان يعتقد في الغرب وفي إطار الثقافة المسيحية أن الطفل يولد بضمير معين مصحوب بغريزة صارمة هي الخطيئة الأصلية، أي أن الإنسان مفطور على الفساد والانحلال، ولذلك لا فائدة من التربية الأخلاقية وقد مرّت التربية الأخلاقية في عدة عصور وهي:

أ. **العصر اليوناني:** يعتبر اليونان القدماء أول من أقام علم الأخلاق على أساس فلسفي، ويعد سقراط "469 - 399 ق. م" بوجه خاص أول من أسس هذا العلم، ومن أشهر المفكرين في هذا العصر هم:

1. سقراط: اتجه إلى بناء معاملات الناس على أساس علمي، وكان يذهب إلى أن الأخلاق والمعاملات لا تكون صحيحة إلا إذا كانت مبنية على العلم ،ولهذا فإنه كان يرى أن الفضيلة هي العلم وأن الرذيلة هي الجهل، وإذا قلنا أن اليونان هم أول من أسس علم الأخلاق فليس معنى ذلك أن أمم العالم الأخرى قبل اليونان لم تكن لها فلسفة وأخلاق فالعقل والأخلاقيات من لوازم الإنسان في كل العصور، وقد عرفت تلك الشعوب هذا اللون من التفكير ولكن اهتمامهم كان على وجه الخصوص "بالأخلاق العملية التي مرنوا عليها في مجتمعاتهم واقتضاها نظام حياتهم" وقد وضع سقراط اللبنة الأولى لعلم الأخلاق، وحارب اتجاهات السفسطائيين.
2. أفلاطون: تلميذ سقراط أخذ عنه فكرته في السعادة وجعل الفضيلة العدالة

التي تتمثل في التوافق والانسجام بين قوى النفس عن طريق العقل فلا تبغي أحدها على الأخرى.

3. أرسطو تلميذ أفلاطون الذي قال: إن الفضيلة وسط بين رذيلتين، فالكرم الذي هو فضيلة وسط بين التبذير والإسراف وكلاهما رذيلة، والشجاعة وسط بين الجبن والتهور وكلاهما رذيلة.

ب. **العصر الجاهلي**: تركوا لنا الكثير من الآثار الشعرية والنثرية التي تشمل على مجموعة من الحكم والوصايا التي تتضمن نصائح خلقية تتسم بالتفكير الفطري، فجاءت تلك الآراء ممثلة لفلسفة علمية استمدها حكماء العرب من بيئتهم وتقاليدهم الخلقية والدينية، وكانت الفضيلة لديهم تتمثل في المروءة التي تقوم على الشجاعة والكرم "ومن المروءة الحلم والصبر والعفو عند المقدرة وإكرام الضيف وإغاثة الملهوف ونصرة الجار وحماية الضعيف، وأن من المروءة أن المرء لا يفعل شيء سرّاً إذا استحى أن يفعله جهراً.

ج. **العصر الإسلامي**: جاء الإسلام متمثلاً في الرسالة التي جاء بها محمد (صلى الله عليه وسلم) الذي ركز على الأخلاق وتكميلها ولخص رسالته كلها في عبارة جامعة حيث قال"إنما بعثت لأتمم مكارم الأخلاق" وتمثلت تعاليم الإسلام في القرآن الكريم والسنة النبوية، وأخذ العرب يتدبرون هذه التعاليم وما اشتملت عليه من آداب وتشريع، فاتسعت مداركهم وتفتحت عقولهم على آفاق جديدة من العلم والمعرفة، ودعا الإسلام إلى الفضائل ونهى عن الرذائل.

د. **العصر الحديث:**

1. طابع الأخلاق في العصور الوسطى كان دينياً صرفاً.
2. عصر النهضة "الخامس عشر والسادس عشر" انفصلت الفلسفة عن الكنيسة ورجالها، وانفصل علم الأخلاق عن الدين، واتجه الفلاسفة مرة ثانية إلى العقل يبحثون عن طريقه عن غاية الإنسان من أعماله ويستوحون منه مبادئ السلوك.

3. القرن السابع عشر ظهرت طوائف من الفلاسفة اتجهوا بعنايتهم إلى استرداد سلطان العقل وتحرير الفلسفة والأخلاق من سلطان الدين، وكان من نتيجة ذلك أننا وجدنا منهم من راح يؤسس الأخلاق على أساس ميتافيزيقي "غيبي" ومنهم من جعل مبدأ الواجب مبدأ الخلقية.

ومن الإتجاهات التي ظهرت في علم الأخلاق في العصر الحديث:

1. أخلاق ما بعد الطبيعة: العقل مبدأ الخلقية وذلك لأن العقل هو الذي يبين لنا الطريق إلى الفضائل ويعرفنا إياها، ويوضح لنا الغاية التي يجب أن نعمل من أجلها وبه يمكننا أن نعرف الخير والشر...الخ، فأخلاق ما بعد الطبيعة تقوم على التفكير الفلسفي الذي يكشف للإنسان طبيعته، ونفسه وعلاقته بالآخرين.

2. أخلاق الواجب: إقامة الأخلاق على أساس الواجب وحده، وعلى الإرادة التي تخضع له دون غيره.

3. الأخلاق النفسية: يؤسس الأخلاق على أساس علم النفس، ما دامت النفس هي التي يطلب لها الأخلاق وهذا الأساس هو الغريزة أو الميل أو العاطفة.

4. الأخلاق الحيوية: يرى أصحاب هذا المذهب وجوب إقامة الأخلاق على أساس من الحياة، وبذلك يمكن أن تصبح الأخلاق علماً له منهجه، وقوانينه العامة المستخلصة من الظواهر المختلفة المتعددة للحياة والأحياء.

5. الأخلاق الاجتماعية: ظهر في القرن"19 – 20" اتجاه يحاول بناء الأخلاق على علم الاجتماع، أرادوا أصحابه أن يجعلوا مثلاً أعلى مستمداً من الجماعة التي تعيش فيها، وليس مستمداً من الدين وحده.

الخلق: السجية والطبع:

● **عوامل تكون الخلق:**
1. الميل والتوجه.

2. الرغبة.

3. الإرادة.

4. الفعل.

5. العادة.

● **مراحل نمو الخلق:**

1. الحذر.

2. السلطة "الأنا".

3. الإجتماعية "تقسيم الأدوار".

4. الذاتية "الأنا الأعلى".

● **مستويات النمو الخلقي:**

1. الغريزة.

2. العادة.

3. الضمير.

المقاييس الخلقية:

هناك نوعان من المقاييس الخلقية وهما:

أولاً: مقاييس عملية وتتمثل في العرف والقوانين الوضعية والسماوية والرأي الشخصي، وسميت عملية لأنها موجودة أصلاً "فعلاً " يقاس على مثلها وتشمل:

أ. العرف: متابعة الناس بعضهم لبعض في عادة متتابعة متكررة حيث تصير ثابتة أو راسخة، ولكل أمة عرف خاص بها ولا تصلح لأن تكون مقياساً.

ب. القوانين الوضعية: مجموعة الأوامر والنواهي التي وضعها البشر أنفسهم، ولكل أمة قوانينها وهي لا تصلح أن تكون مقياساً لأنها ليست ثابتة، وليست عامة ولا تهتم إلا بالأعمال الظاهرة وتقوم على حراسته سلطة خارجية.

ج. الرأي الشخصي: مقدار حكم الشخص على الفعل. ولا يصلح لأن يكون مقياساً وذلك لأنه يختلف من شخص إلى آخر ويختلف الشخص في حكمه من وقت لآخر.

د. القانون السماوي: مجموعة الأوامر والنواهي التي شرعها الله لعباده ولا يأتيها الباطل من بين يديه ويصلح لأن يكون مقياساً.

ثانياً: المقاييس النظرية: تلك التي تتمثل في قواعد ومبادئ عامه لا تختص بزمان أو مكان أو أقوام معينين، بل يقصد بها أن تكون عامة للجميع، على السواء، وهي مقاييس تنبع من الفكر والنظر اللذين يهديان إلى قاعدة كلية أو قانون عام أو مثل أعلى، وليس معنى تسميتها بالنظرية على أنها لا تطبق في الحياة العملية أو أنها غير قابلة للتطبيق، وإنما يقصد بذلك التعبير أنها مقاييس عقلية مثالية مثل الزنا.

نظريات أخلاقية:

أ. نظرية اللذة: أن كل الكائنات الحية ابتداء من الولادة لديها الميل إلى اللذة في حين أنها تعارض بطبيعتها الألم وبدون تفكير في ذلك.

ب. نظرية السعادة: أن الخير المطلق يتمثل في السعادة وليس في اللذة وأن كل الناس ينشدون السعادة، حتى وإن كانوا لا يعرفون بالضبط ماذا عسى أن تكون هذه السعادة التي ينشدونها.

ج. مذهب المنفعة:

1. مذهب المنفعة الفردية: أن المرء لا يطلب إلا لذاته ولو على أنقاض سعادة غيره بل يجد لذة في شقاء الآخرين ويسعد هو حتى يزعم لنفسه أنه أشد وأقوى وأعرف بطريق الخير والنجاح.

2. مذهب المنفعة الجماعية: أي المنفعة التي تحقق أكبر سعادة ممكنة للجميع، وما ينفع لنا ينفع للجميع، وتقديم مصلحة الجماعة على المصلحة الفردية.

3. مذهب الواجب: الواجب هو ضرورة أداء الفعل احتراماً للقانون، وباعث الاحترام ينشأ بفعل العقل، والواجب هو الذي يميز الإنسان عن غيره.

الضمير: عمل خير مبني داخل الإنسان حتى لا يصدر منه إلا الصحيح.

الفضيلة: الزيادة في الخير، أي الاستعداد الدائم لفعل الخير.

الحرية: القدرة على الاختيار.

اتجاهات المربين في التربية الأخلاقية:

1. الغاية تبرر الوسيلة، بغض النظر عن الطريق المهم لوصول الغاية.
2. الغاية لا تبرر الوسيلة، فلا بد من اختيار الوسيلة المناسبة حتى تصل للغاية المناسبة.
3. الشخص يتمثل بالآخرين، يقوم بما يقوم به الآخرون.
4. يجمع الكل.

الوحدة الثانية

تصنيفات الأخلاق

- مجتمعية
- عقائدية
- فكرية
- مهنية

تصنيفات الأخلاق

مجتمعية، عقائدية، فكرية، مهنية

تصنيف الأخلاق:

يتفق دارسوا القيم على صعوبة تصنيفها وعلى أنه لا يوجد تصنيف شامل لها والواقع أنه مهما يكن من أمر تصنيف القيم من قصور عن الإحاطة بأنواعها جميعاً فإن التصنيف أمر من ألزم اللزوميات لدراستها وأي تصنيف أفضل من عدم التصنيف، وقد درج الدارسون على تصنيف القيم على أساس أبعادها ويحدد د. حامد زهران الأسس التي يقوم عليها تصنيف القيم في ستة أسس تتفرع عنها بعض الأسس الفرعية وذلك على النحو التالي:

1. **على أساس المحتوى: DIMENSION OF CONTENT**

أ. القيم النظرية THEORITICAL VALUES: ويعبرعنها اهتمام الفرد وميله إلى اكتشاف الحقيقة ويتخذ اتجاهاً معرفياً من العالم المحيط به ويسعى وراء القوانين التي تحكم هذه الأشياء يقصد معرفتها ويتميز الأشخاص الذين تسود عندهم هذه القيمة بنظرة موضوعية نقدية معرفية تنظيمية ويكونون عادة من الفلاسفة والعلماء "فكرية".

ب. القيم الاقتصادية ECONOMICALVALUES: ويعبر عنها اهتمام الفرد وميله إلى ما هو نافع ويتخذ من العالم المحيط به وسيلة للحصول على الثروة وزياداتها عن طريق الإنتاج والتسويق والاستهلاك واستثمار الأموال ويتميز الأشخاص الذين تسود عندهم هذه القيمة بنظرة عملية ويكونون عادة من رجال الأعمال والمال والذين يهتمون بالإنتاج والتسويق والاستهلاك واستثمار الأموال، ويرى هؤلاء أن القيم النظرية مضيعة للوقت ويحددون علاقات الناس على أساس المال والثروة.

ج. القيم الجمالية AESTHETIC VALUES: ويعبر عنها اهتمام الفرد وميله إلى ما هو جميل من ناحية الشكل أو التوافق والتنسيق ويتميز الأشخاص الذين تسود عندهم هذه القيمة بالفن والابتكار وتذوق الجمال والإبداع الفني، ونتائجه كما يتميز الأشخاص الذين تسود عندهم هذه القيم بالفردية وبالاكتفاء الذاتي، ويعارضون المؤمنين بالقيم الاقتصادية المادية ويرون في عمليات التصنيع والتجارة والإعلان عمليات وأد للقيم الجمالية وقد يكون بعضهم فنانين خلاقين "مبدعين" وآخرون يتذوقون ويستمتعون بالجمال ومحبين له.

د. القيم الاجتماعية SOCIAL VALUES: ويعبر عنها اهتمام الفرد وميله إلى غيره من الناس الذي تسود عندهم هذه القيمة بالعطف والحنان وخدمة الغير، فهم أشخاص ليسوا أنانيين وانفعاليين عاطفيين بل يرون في العمل على إسعاد الآخرين غاية في حد ذاتها، وهؤلاء يكونون عادة ضد القيم السياسية ويرون في القوة الغاشمة تحطيماً لتكامل الشخصية ويقتربون كثيراً من الدين والجماعة.

هـ. القيم السياسية Political Values: ويعبر عنها اهتمام الفرد بالنشاط السياسي والعمل السياسي وحل مشكلات الجماهير ويتميز الأشخاص الذين تسود عندهم هذه القيم بالقيادة في النواحي الحياة المختلفة ويتصفون بقدرتهم على توجيه غيرهم.

و. القيم الدينية RELIGOUS VALUS: ويعبر عنها اهتمام الفرد وميله إلى معرفة ما وراء العالم الظاهري فهو يرغب في معرفة أصل الإنسان ومصيره.

2. على أساس المقصد DIMENSION of INTEt

أ. قيم وسائلية: أي تعتبره وسيلة لغاية أبعد.

ب. غائية: أي تعتبره غاية بحد ذاتها مثل حب البقاء.

3. **على أساس الشدة: DIMENSION OF INTENSITY**

وتقدر شدة القيم بدرجة الإلزام التي تفرضها

أ. ما ينبغي أن تكون أي القيم الملزمة أو الآمرة النهائية وهي القيم التي تمس كيان المصلحة العامة.

ب. ما يفضل ما يكون "تفضيلية".

ج. ما يحرص أن تكون مثالية وهي التي يحس الإنسان صعوبة في تطبيقها كاملة.

4. **على أساس العمومية: Dimension of generality**

أ. قيم عامة: يعم شيوعها وانتشارها في المجتمع كله بصرف النظر عن ريفه وحضره مثل أهمية الزواج.

ب. قيم خاصة: متعلقة بمواقف ومناسبات أو حلقة اجتماعية أو دور اجتماعي مثل القيم المتعلقة بالأعياد.

5. **على أساس الوضوح: Dimension of Explicitness**

أ. قيم ظاهرة أو صريحة: أي التي يصرح بها ويعبر عنها بالكلام مثل القيم المتعلقة بالمصلحة العامة.

ب. قيم ضمنية: أي التي تستخلص ويستدل على وجودها من ملاحظة الميول والاتجاهات والسلوك الاجتماعي بصفة عامة مثل القيم المرتبطة بالسلوك الجنسي.

6. **على أساس الدوام: Dimension of permanency**

أ. قيم دائمة "نسبياً": وهي التي تبقى زمناً طويلاً وتتنقل من جيل إلى آخر.

ب. قيم عابرة: أي وقتية عارضة قصيرة الدوام سريعة الزوال (زهران،2000).

ومنهم من صنفها على أساس الإجابة عن خمسة أسئلة جوهرية فقد طرحت "فلورانس كلهوهن" F. Kluchohn.

تصنيفاً للقيم يقوم على خمسة أسئلة جوهرية فهي ترى أن نحدد الاتجاه القيمي السائد فيه عن طريق دراستنا لمواقفه وحلوله لمشكلات أساسية خمسة تواجه كل المجتمعات في كل زمان ومكان وهي تقرر أن لكل مشكلة من تلك المشكلات ثلاثة حلول، يختار أحدها والاختيار هذا يمثل الاتجاه القيمي السائد في ذلك المجتمع وهذه المشكلات هي :

1. ما هي نظرة المجتمع أي الطبيعية البشرية هل يعتبرها شريرة أم خيّرة أم محايدة؟
2. ما هي العلاقة المفضلة بين الناس والطبيعة؟ خضوعاً لها أم سيطرة عليها أم انسجام معها؟
3. ما هو الزمن المفضل الماضي أم الحاضر أم المستقبل؟
4. ما هو نمط الشخصية المفضل هل هو النمط الذي يؤكد على ما هو كائن أم على ما سيكون أم هو يؤكد على العمل؟
5. ما هي العلاقة المفضلة بين الإنسان والإنسان عائلية وراثية أم فردية تنافسية أم تعاونية جماعية؟ (وجيه،2000).

تصنيف شلر:

يؤكد شلر أن القيم الأخلاقية ليست نوعاً من جملة أنواع القيم وقد ميز شلر أربعة مستويات للقيم الأخلاقية وهي:

أ. المستوى الأدنى: وهي قيم (أخلاق) الطبيعة الحسية وهي تختلف باختلاف الأفراد، وقد حسب أنصار مذهب اللذة أن في وسعهم إرجاع منظومة القيم (الأخلاق) كلها إلى هذه القيم.

ب. مستوى القيم (الأخلاق) الحيوية: وتشمل الصحة والمرض والراحة والتعب.

ج. مستوى القيم (الأخلاق) الروحية: وهي قيم (أخلاق) مستقلة عن الجسد وتشتمل على قيم الحقيقة والجمال والعدل.
د. مستوى القيم (الأخلاق) الدينية: وهذه القيم تحدّث في نفوسنا مشاعر الإيمان والعبادة حيث أن أساسها هو المحبة، لذلك فهي تصنف على أساس سائر القيم.

تصنيف لافيل:

أ. القيم الأخلاقية.
ب. القيم العقلية والجمالية.
ج. القيم الاقتصادية والانفعالية

ويجمع د. إبراهيم جميع التصنيفات بالتصنيف التالي: "مجتمعية، عقائدية، فكرية، مهنية".

أولاً: الأخلاق المجتمعية:

يعرف البعض علم الأخلاق: بأنه العلم المعياري لسلوك الكائنات الحية التي تعيش في المجتمعات. وكذلك فإن الفعل الفردي يؤثر على أفعال الآخرين والواقع أن أفكارنا الأخلاقية تتطور مع أفكار الناس الآخرين، ويتم انتقادها وتعديلها باستمرار من خلال آراء الغير، كما أن الأساس السيكولوجي لاعتبار آرائنا الأخلاقية أراء موضوعية هو اكتشاف تطابق تلك الآراء مع الآراء الأخلاقية للآخرين، علاوة على أن أحكامنا الأخلاقية غالباً ما يكون لها مرجع أو إشارة اجتماعية مباشرة لما تحمله من قيم ذات أبعاد سوسيولوجية، إن الاتجاه نحو الآخرين أو الإيثارية لها ما يميز الأشياء الصالحة أخلاقياً ويسمى الإنسان بأنه رجل أخلاق فعلاً. نعم قد ينعزل بعض القدّيسين والزاهدين عن المجتمع ويؤدون واجباتهم الأخلاقية منفردين، لكن الرجل العادي لا يزال وسيظل عائشاً في مجتمع، وكما قال أرسطو من قبل الإنسان الذي يعيش مفرداً أو منعزلاً إما أن يكون وحشاً أو إلهاً.(ليلى،2000).

ويؤكد "دور كايم" في كتابه التربية الأخلاقية على الصبغة الاجتماعية للأخلاق حيث بيّن أن الواقعة الخلقية لا تستمد جذورها إلا من الضغط الذي تمارسه "العقلية الجمعية " على العقليات الفردية. إن الأخلاق قد وجدت من أجل حاجة اجتماعية وهي انصهار الأفراد داخل المجموعة ولا شك أن المجتمع في نظر "دور كايم" ليس مجموعة حسابية لجملة الأفراد الذين يتألف منهم بل هو كائن مستقل له صفاته المميزة وطابعه الخاص إضافة إلى ذلك فالمجتمع غاية السلوك الخلقي، يقول "دور كايم" لقد استندت من أجل إثبات هذه القضية الأساسية على حقيقة مشاهدة في التجربة. هذه الحقيقة أن الإنسانية لم تضف قط لا في حاضرها ولا ماضيها قيمة أخلاقية على أفعال لا يكون لها من هدف سوى الصالح الشخصي لفاعلها.

فالمجتمع حسب رأي "دور كايم" هو الذي حدّد ويحددّ نوعية الأخلاق التي يمارسها الفرد ذلك أن الكائن البشري لا يمكن أن يصل إلى مستوى الكائن الخلقي إلا بوجوده في المجتمع. (جبري،2000).

إن لكل أمة ثقافة ولكل ثقافة معايير خاصة تحددها الثقافة ولذلك فإن "المرغوب فيه" يتوقف على ما تحدده الثقافة من معايير من ناحية الخير والشر والصواب والخطأ، وما يجوزها لا يجوز ولذلك فإن المعايير والأخلاق نسبية (وحيد،2000).

أولاً: النسبية المكانية للقيم:

لما كان لكل ثقافة معاييرها الخاصة بها فإن "المرغوب فيه" يختلف تبعاً لذلك من ثقافة إلى ثقافة وبالتالي تختلف القيم "الأخلاق" من ثقافة فما تراه ثقافة أخلاقاً تحكم عليه ثقافة أخرى بأنه غير أخلاقي وما يراه مجتمع ما صواباً يراه غيره خطـأ. فالمسارعة لنجدة الغير صفة مستحبة لدى الكثير من المجتمعات الريفية أوالبدوية لكنه في المدن الحديثة الواسعة لا تستحب، لأن الفرد يكون قد

تدخل فيما لا يعنيه حيث يعتبر ذلك من واجب الشرطة مثلاً، ومن ناحية أكل لحوم البشر فهو في نظرنا كعرب ليس أمراً غير مرغوب فيه بل سلوكاً حيوانياً بشعاً في حين أنه أمر مرغوب فيه عند بعض القبائل فمثلاً قبائل التشيس في كوتشن الصينية "COCHINCHINA" يأكلون أكباد الأعداء بعد قتلهم لأنهم يعتقدون أن الكبد مركز الشجاعة وبذلك تسري إليهم هذه الصفة.

أما فيما يتعلق بالملابس فإن الحشمة أو ستر العورة يختلف من مجتمع إلى آخر فمثلا في ياب "YAP" في جزيرة ميكرونيزيا تلبس "جونلات" من القش تصل إلى الكعبين تقريبا أما الصدر كله فيترك عاريا لأن أهل هذه البلاد لا يرون حرجا أو أية عورة في إظهار الثديين للعيان، أما كشف الساقين فينافي ما تقرره مبادئ الحشمة في نظرهم" (ذياب، 2000).

ثانياً: النسبية الزمانية للقيم:

كما أن القيم نسبية مكاناً فكذلك هي نسبية زماناً أي أنها تختلف وتتغير في المجتمع الواحد، بما يطرأ على نظمه من تطور وتغير وهي في تغيرها، وتطورها تخضع للمناسبات الإجتماعية في التاريخ كما تخضع لظروف الوسط الثقافي الذي توجد فيه.

فالفراعنة القدماء كانوا يتزوجون بناتهم حفاظاً على الدم الملكي وكان هذا الزواج نوعاً من القيمة التي كانوا يحرصون عليها، وكانت أمية الفتاة فيما مضى نوعاً من القيم الأردنية حيث كان الفلاح يأنف من تعليم ابنته ويعتبر أنه في تعليمها قد جرها بنفسه إلى الرذيلة وأعطاها كيفية استعمال القلم لتكاتب عشيقها. (عبيدات،2000).

ثانياً: الأخلاق العقائدية:

ليس هناك أساس ضروري يجب أن تعتمد عليه التربية الأخلاقية، مثل هذا الأساس في دفع الإنسان إلى الخير وردعه عن الشر باستمرار، ثم في تنمية الروح الأخلاقية في الطفل وترقيته أخلاقياً باستمرار ذلك أن الإنسان الذي يؤمن بالله والحياة الأخرى وأن مصير الإنسان في تلك الحياة السعادة الدائمة إن التزم بالخير في هذه الحياة، والشقاوة الدائمة إن التزم بالشر يشكل دافعاً له للالتزام بسلوك الخير الذي هو السلوك الأخلاقي (يالجن،2000).

وهناك اعتراف عام في الديانات العليا بأن إطاعة قوانين الأخلاق تحتل منزلة عليا بين الواجبات الدينية، ولقد علم الأنبياء العبرانيون ذلك عندما قالوا أن الله يطلب من الإنسان أن يكون عادلاً رحيماً بدلاً من أدائه للشعائر وتقديمه للقرابين وهناك رأي قول بأنه كلما كان الفرد أو المجتمع متدينا كلما كان أخلاقياً ، ولقد أثبت التاريخ أن في المرحلة التي يسود فساد ديني نجد انحطاطاً أخلاقياً مواكباً لهذا الفساد" (ليلى،2000).

وقد بيّنت أهمية العقيدة في ميدان التربية الأخلاقية في تقرير المؤتمر الإنكليزي للتحقيق الدولي في التربية الأدبية الذي عقد في انكلترا سنة 1907 والذي اشترك فيه أكثر من سبعمائة من مشاهير العلماء والفلاسفة ورجال الأدب والسياسة.

وبعد الدراسة وجدوا أنه يمكن إدخال بعض المبادئ الأخلاقية في نفوس الطلبة على أساس الوازع الاجتماعي أو الضمير الأدبي الشخصي، كالنظافة وحب الوطن والرفق بالحيوان كما أن هناك بعض المبادئ الأخرى مثل التقوى والصدق والتضحية من أجل الآخرين وما إلى ذلك لا يمكن إقناعهم بها دون الرجوع إلى الوازع الديني ولهذا أجمع المؤتمر على أنه لا يمكن الإحاطة بمواضيع التربية الأخلاقية دون الرجوع إلى الوازع الديني (يالجن،2000).

إن من مميزات العقيدة:

1. أنها مفضية إلى العمل ومرتبطة ارتباطاً وثيقاً يجعل من سلوك الإنسان وتصرفه في واقع حياته صورة منعكسة عن عقيدته.

2. أنها مهما انحرف بها أصحابها لا بد أن تتضمن الإيمان بقوة غيبية قاهرة وراء العالم المحسوس، وما قد يبدو عند بعض الأمم البدائية من عبادة لبعض المخلوقات الحسية ليس الا للاعتقاد بأن شيئاً غير محسوس وغير مرئي تدخل هذه المحسوسات من أجل ذلك، شاع بين مؤرخي الفكر الإنساني بعامة ومؤرخي الجانب الفلسفي منه بخاصة مبدأ منهجي يصور لنا الصلة الوثيقة بين العقيدة والسلوك ويجعل من الأولى أصلاً وقاعدة للثاني كما يجعل من الثاني أثراً وانطباعاً عن الأولى هذا المبدأ هو أن مذهب الفيلسوف الأخلاقي صورة حية لفلسفته الميتافيزيقية وإذا كان العرف الفلسفي ونجاحه عند قدماء المفكرين يجعل من العقيدة أصلاً تبنى عليه الأخلاق فإن فيلسوفاً من فلاسفة القرن الثامن عشر "أمانويل كانت" قد عكس الوضع فجعل من الأخلاق أصلاً للعقيدة الدينية، وبنى هذه على تلك عندما وضع المبادئ الأخلاقية المفطورة في نفوسنا والمغروسة في طبائعنا أصلاً ومصدراً للإيمان بالحقائق الميتافيزيقية الدينية مثل خلود الروح ووجود الله، وسواء كانت العقيدة أصلاً للأخلاق ومصدراً للسلوك الإنساني أو متفرعة عنها ومترتبة عليهما فإن الذي يعنينا إنما هو الربط الوثيق الذي يصل الأخلاق بالعقيدة ويؤكد الصلة القوية بينهما على نحو يجعل انفصال العقيدة عن الأخلاق واستقلالها بذاتها أمراً مستحيلاً أو عسيراً أو على الأقل مشكوكاً فيه (بيصار،2000).

وهذه الأخلاق تتصف بالثبات فلا تتغير بتغير الظروف والأحوال، ولا تتغير بتغير الأشخاص والمواقف وهي ترتبط بالعبادات وسلوك الإفراد وهي تقوي الصلة بين الإنسان وخالقه، وهذه الأخلاق مطلوبة في كافة الديانات السماوية لأنها تجعل الإنسان على معرفة تامة بربه يحقق بها عبوديته وينتظر بسببها رضوان الله عز

وجل. ولذلك فاننا نجد أن لكل عقيدة أخلاقاً مستمدة منها وقد تكون هناك أخلاق مشتركة بين أكثر من عقيدة ومثال على هذه الأخلاق:

أ. الوسطية والاعتدال في كل الأمور في حياة المسلم قال تعالى:" ولا تجعل يدك مغلولة إلى عنقك ولا تبسطها كل البسط".

ب. المسلم من سلم المسلمون من لسانه ويده .

ثالثاً: الأخلاق الفكرية:

وكذلك فإن الأخلاق يمكن أن تصنف باختلاف المذاهب الفكرية والمفكرين.

1. الأخلاق المثالية: هو كل ما وافق مع مشيئة القوة العظمى وتعتمد المبادئ الأخلاقية وممارساتها عند المثالي على القوة العظمى وعلى القوانين والتقاليد والتعاليم الصادرة عن هذه القوة، والسلوك الأخلاقي هو التوافق مع مشيئة القوة العظمى وتتجسد هذه المشيئة من خلال معارف الحكماء والقوة التعزيزية والتفسيرية التي تقررها القيادات والسلطات التي تبلغ قمتها في الحكومة الثيوقراطية التي تتطرف في التزام المبادئ الأخلاقية المثالية والتراث.

2. الأخلاق الواقعية: هو ما توافق مع الواقع من عادات وأعراف. ويعتمد تعريف الأخلاق بالنسبة للواقعي على الطبيعة والقانون الطبيعي أو على دراسة المجتمع وإحصاء ما يشيع فيه ثم استخلاص المعايير من عينة الدراسة ولذلك تشتق العادات والأعراف والأخلاق من المعايير الاجتماعية ومما يجدر التوافق معه ليتلاءم مع المجتمع والطبيعة والعلماء الاجتماعيون هم مصادر المعلومات وهم الذين يترجمون هذه المعلومات إلى عادات وقوانين.

3. الأخلاق البراغماتية: لا يتكلم البراجماتيون عن الأخلاق كمعنى ملتصق بالقيم المطلقة التي لا تتغير وترتبط بالقوة العظمى – كما يفعل المثاليون

- ولا يتكلمون عن مبادئ تشتق من دراسة النشاطات الإنسانية التي تطبق قوانين الطبيعة -
كما يفعل الواقعيون - ولكنهم يتكلمون عن الأخلاق بإعتبارها شيئاً يعتمد على التفاعل
الاجتماعي وعلى حاجات وطموحات الأفراد والجماعات فالأخلاق عند البراجماتي هي
الممارسات التي تؤكد على المفاهيم العلمية والممارسات النافعة التي تأتي بمكاسب نافعة ولا
تخرق مبادئ الديمقراطية وعملياتها فالهدف الكبير للبراجماتي هو حماية الحقوق الإجتماعية
والمدنية والفردية لجميع المواطنين في عالم متغير نسبي ثم تحقيق التوافق والتناسق بين ما
هو صالح للفرد والمجتمع سواء.

4. الأخلاق الوجودية: هي ما تحقق الذات والوجود الانساني. وبالنسبة للوجودي فإن أعلى
قانون أخلاقي هو التذكير بأن يحقق الفرد وجوده بأقصى ما يستطيع وكل تعريف للأخلاق
يعتمد على حاجات واختيارات الفرد وهو يحاول تحقيق هذا المثل الأعلى عنده.

فالهدف هو التوافق الداخلي الشخصي مع النفس، فالفرد هو القاضي الذي يحكم على
أفعاله، وهو المسؤول على نتائجها أما الأخلاق الاجتماعية فربما تتحقق عند الوجودي من خلال القيمة
التي تقرر (اختار مثلما يختار الآخرون). (الكيلاني،2000).

آراء بعض الفلاسفة والديانات في الأخلاق:

براهما: إن أهم ما يطمع البرهمي هو الانعتاق من الأسر والانطلاق إلى الأفاق الرحبة
والاندماج في براهما والفناء فيه.

إن دستور العقل الهندي للوصول إلى هذه الغاية كان دائماً الزهد والصوم والأرق وتعذيب
النفس والحرمان ولا يجوز للهندوسي أن يتمنى الموت لأن الموت ينقله إلى دورة جديدة من دورات
حياته، بل ينبغي أن يرجو لنفسه الفناء في براهما وهذا حسبه بل هذه منية المنى، وغاية الطلب
وسعادة السعادات من أجل ذلك حفلت حياة

كثير الهنود بالبؤس ومحاربة الشهوات والتسول وتحمل الآلام والامتناع عن أكل اللحم وتجنب الحلوى والطيبات من الرزق والنساء كما أوجبوا السير على الأرض بحذر شديد وتخفيف الوطء حتى لا يدوس الإنسان برجليه كائناً حياً. (الكيلاني، 2000)

ديانة زرادشت: أما العبادة فهي الفضائل وأهمها الصدق والوفاء بالعهد والإحسان فكل من يبذل العون للمحتاج ويطعم البائس الفقير يهبه اللـه القوة ويمنحه الخير والبركة ويا لحسرة الهند وبراهمتها فليس على المؤمن في دين زرادشت، لكي ينال رضوان اللـه ونعيمه أن يزهد في الحياة الدنيا وأن ينصرف عن نعيمها ومتاعها مادام يعمل الخير، ويتمسك بالفضائل ويتجه إلى اللـه بالدعاء فقد ضمن لنفسه الجنة ويجب أن لا ينسى نصيبه من الدنيا بل عليه أن يعمل ويكد ويستمتع من طيبات ما وسعه الاستمتاع وله أن يتزوج بأكثر من واحدة اذا شاء. (مرجع سابق).

لاوتس: نجد أن لاوتس يدعو إلى إنكار الذات ومن أقواله: "من ضربك على خدك الأيمن فدر له الأيسر"نجد أن كونفو شيوس يغري في نفوس أتباعه مثلاً أعلى من العزة والكرامة الشخصية لأن المذلة لم تكن عنده قيمة خلقية.

رابعاً: الأخلاق المهنية:

السلوك الأخلاقي هو الذي أقره المجتمع وهو يتكون من مجموعة القواعد التي تبين للأفراد كيف يجب أن يتصرفوا في الحالات والمواقف التي تعرض لهم دون أن يخالف في ذلك ضمائرهم أو العرف السائد في مجتمعهم.

أما الأخلاق المهنية فهي (المبادئ والمعايير التي تعتبر أساساً لسلوك أفراد المهنة المستحبة والتي يتعهد أفراد المهنة بالتزامها (حوسه،2000)، ولذلك فلكل مهنة أخلاق ووجود أخلاق مهنية خاصة في المجتمع هو نتاج لتقسيم العمل المهني فإن من يفعلون شيئاً لا يستطيع الآخرون أن يفعلوه، ويواجهون واجبات معينة حيال

الذين يستفيدون من خدماتهم، وفي عدد من الأحوال يتطلب ذلك قوانين خاصة بمقدورها أن تحفظ المكانة الأخلاقية للفئات المهنية في المجتمع وتوحي بالثقة فيها وتؤمن مقدمات أخلاقية ملائمة لأجل تطورها. ويمكن اعتبار ظهور وتطور القوانين المهنية عنصراً من عناصر التقدم الأخلاقي ولكن الأخلاق المهنية في المجتمع المتناحر طبقياً قد تشوهت بتأثير عوامل الحياة الاجتماعية التي كانت تلد الفردية والأنانية والفئوية واغتراب الناس بعضهم عن بعض.

معنى آداب السلوك:

هي قواعد للآداب والسلوك الاجتماعي في المهنة حددتها اللوائح والقوانين المنظمة لمزاولة المهنة بحيث أن عدم مراعاتها يعرض صاحبها للمساءلة القانونية.

أما مهام الوظيفة اليوم فهي كما يلي:

1. المحافظة على النظام الاجتماعي للدولة.
2. تنفيذ الخدمات العامة.
3. تطوير الدولة في المجالين الاقتصادي والاجتماعي.

أ. مفهوم المسؤولية القانونية للمهنة: إن إخلال الموظف بالواجبات المتعلقة بالوظيفة العامة يعرضه للمسؤولية القانونية ويقصد بالمسؤولية القانونية للمهنة: ما يترتب على الإخلال بواجبات المهنة من تبعات قانونية تحددها القوانين والجهات الرسمية المشرفة على ممارسة المهنة كالنقابات والوزارات مثل المسؤولية القانونية المترتبة على تعامل الموظف بالرشوة أو الاختلاس.

ب. المسؤولية الأخلاقية للمهنة: وهي المسؤولية الأدبية التي يتحملها العامل في مهنة من المهن وتترتب على الموظف حين يخالف واجباً أدبياً أو أخلاقياً مثل واجب عدم الغش في العمل مثلاً، والمسؤولية الأدبية تخرج عن دائرة القانون ولا يترتب عليها عقوبة قانونية.

المقارنة بين المسؤولية القانونية والمسؤولية الأخلاقية:

إن المسؤولية الأخلاقية التي يكون مصدر الالتزام بها وجد أن المرء وضميره وإيمانه بمثله الأعلى والتي تكون مستنبطة من الإيمان بالله والرسالات السماوية والمبادئ الإنسانية .وفي ما يلي مميزات المسؤولية الأخلاقية:

1. مسؤولية ذاتية أمام الله والضمير.
2. نطاق أوسع يشمل علاقة الإنسان بربه، وبنفسه، وبغيره من الناس.
3. لا يشترط لقيام المسؤولية الأخلاقية حدوث ضرر للغير.
4. ثابتة لا تتغير.

أما المسؤولية القانونية هي التي يكون فيها مصدر الالتزام خارجي مثل السلطة القانونية والضغط الاجتماعي.

أهداف أخلاقيات الوظيفة العامة:

تظهر المشكلة الأخلاقية عندما يجد الموظف العام نفسه محصوراً بين مصالحه الشخصية وواجباته الوظيفية، أو عندما يتم تقديم المصالح الخاصة على المصالح العامة، أو عندما يستغل الموظف العام وظيفته لتحقيق مصالح شخصية، كل ذلك يؤدي إلى فقدان أو ضياع ثقة الجمهور بأجهزة الخدمة المدنية.

ومن هنا فإن أخلاقيات الوظيفة العامة تهدف إلى تحديد ما هو صواب وما هو خطأ وما يجب أن يكون عليه سلوك الموظف العام في إطار هذه المعايير، وكذلك تهدف أخلاقيات الوظيفة العامة إلى ضمان تصرف الموظف في الشؤون العامة بشكل موضوعي ونزيه وغير متحيز، وذلك عن طريق التوفيق بين مفهومي السلطة والمسؤولية في الإدارة حيث أن الأخلاقيات هي جزء من المفهوم الواسع للمسؤولية وأحد الضوابط التي تحول دون التعسف أو إساءة استعمال السلطة.

كما أن أخلاقيات الوظيفة العامة تهدف إلى مساعدة الجمهور في توضيح ما هو حق للموظف وما هو واجب عليه في أدائه لوظيفته عند تقديم الخدمات لهم مما يسهل عليهم محاسبته عند الانحراف عن هذه الحدود الأخلاقية. (ياغي،2000).

وفيما يلي أمثلة على بعض الاخلاق المهنية:

أولاً: مهنة الطب: تعارف الأطباء على قواعد وآداب يلتزمونها في ممارساتهم المهنة على الطبيب أن يراعيها ليكسب لنفسه الاحترام في مجتمعه منها على سبيل المثال:

1. الطبيب يعالج مرضاه بروح إنسانية بصرف النظر أحوالهم المادية ومستوياتهم الاجتماعية وجنسياتهم ومعتقداتهم وآرائهم.

2. الطبيب يمتنع عن استغلال منصبه السياسي أو الاجتماعي أو وظيفته لأغراض خاصة بقصد زيادة دخله المادي.

3. الطبيب يحافظ على السر المهني باستثناء ما تنص عليه القوانين فلا يفضح مرضاه في غير حاجة.

4. الطبيب لا يتخلى عن المرضى الذين هم قيد معالجته ولا يتهرب من المسؤولية في حالة حدوث كارثة أو وباء.

5. أن يمتنع عن إعطاء تقارير طبية أو شهادات غير مطابقة للواقع (الدجاني،2000).

ثانياً: الصحافة: وهذه بعض القواعد الأخلاقية للعمل الصحفي التي يتبعها مديرو التحرير في وكالة أنباء "اسوشيتدبرس" موجهة إلى الصحف وإلى المحررين العاملين بها:

أ. المسؤولية: الصحيفة الجيدة لا بد أن تكون عادلة ودقيقة وأمينة ومسؤولة ومستقلة وشريفة والحقيقة هي المبدأ الذي يجب أن تسترشد به. إنها تتجنب

الممارسات التي قد تتعارض مع قدرتها على تغطية وتقديم الأخبار بطريقة منصفة وغير منحازة، إن الصحيفة يجب أن تخدم كناقد بناء لجميع قطاعات المجتمع ويجب أن تكشف وبكل حماس الخطأ أو سوء استخدام السلطة سواء كانت خاصة أم عامة.

إن مصادر الأخبار يجب الكشف عنها ما لم يكن هناك سبب واضح لعدم فعل ذلك.

ب. الدقة: يجب أن تحترس الصحيفة من عدم الدقة   في الأخبار أو الإهمال أو الانحياز أو التشويه عن طريق التأكيد على الحذف من الخبر ويجب أن تعترف بأخطائها المهمة وأن تصحح بسرعة وبطريقة بارزة.(هاتلنج،2000).

ثالثاً: المعلم:

1. أن يشفق على المتعلمين ويجريهم مجرى بنيه.
2. أن لا يدع من نصح المتعلم شيئا وذلك بأن يمنعه من التصدي لرتبه قبل استحقاقها والتشاغل بعلم خفي قبل الفراغ من العلم الجلي.
3. أن يزجر المتعلم عن سوء الأخلاق بطريقة التلميح والرحمة.
4. أن لا يقبح في نفس المتعلم العلوم التي وراء علمه. (مبارك،2000).

الوحدة الثالثة

علاقة التربية الأخلاقية بالعملية التربوية

علاقة التربية الأخلاقية بالعملية التربوية

مقدمة:

قبل البدء بتوضيح العلاقة وبيان واقع الارتباط بين التربية الأخلاقية والعملية التربوية لا بد أن نسأل أنفسنا في البداية هل هناك فصل بين واقع المصطلحين؟ أي هل هناك تربية حقيقية بدون أخلاق أو أخلاق يراد لها الاستمرار بدون تربية؟ هل هناك حقيقة تباين واختلاف صريح في الأوساط التربوية والفلسفة المفكرة؟ وإن كان هناك خلاف، فأين هو؟ وما هي جذوره وأصوله التي استند عليها؟ ونقصد بالخلاف خلاف التضاد وليس خلاف التنوع بالفرع الذي يستند إلى أصول متفق عليها، لأن واقع الخلاف موجود سواء من قال بالنسبية المطلقة أو عدمها، أو ممن إتخذ منهجاً وسطاً بينهما لما يمليه واقع المنظومة القيمية الأخلاقية كواقع مصدرية، تخص الأفراد والمجتمعات، ودرجة هذه الآراء وتأثرها بواقعها الفلسفي والفكري وما صاحبه من تغيرات وثورات سواء كانت عقلانية أو دينية.

لكي لا يتطرق إلى الذهن أننا في صدد إسقاط وإدماج غير متجانس لواقع تربوي أخلاقي أو العكس، فكما سألنا في البداية عن حقيقة الفصل، فبالمقابل نحاول أن نجد إجابات لكومة من التساؤلات التي تدور في فلك مشترك سواء كان فصلاً أم ربطاً.

هل هناك علاقة ترابطية، تجانسية، جدلية، تأثيرية، مشتركة لمصطلح مركب "التربية الاخلاقية" و "العملية التربوية"؟ وما الأصل وما الأساس لواقعهما تربوياً وفلسفياً في ظل النظريات والاتجاهات السائدة.

إنها وقفة بحيث لا تجرؤ الأقدام الصغيرة أن تقرر فصل المقال فيها، وما هي إلا محاولة لجمع ما تفرق ما أمكن وعرضه ليكون محور نقاش لأهل الإختصاص.

التربية في اللغة:

الزيادة والنشأة والتغذية والرعاية والمحافظة، وهي من ربا الشيء ربوا ورباء، أي زاد ونما، وتستعمل مجازاً بمعنى التهذيب، وعلو المنزلة.

إتجاهات عدة في تحديد التربية من الناحية العلمية:

1. تحديدها على أنها طرق ووسائل لتنشئة الطفل وتكوينه وتكميله على النحو المراد، بطريقة التدريس والتنشئة على الأسس العلمية "افلاطون" أو عن طريق الاعتياد على المبادىء المعينة، أرسطو وجان جاك روسو وابن سينا الذي يقول بأن التربية عادة، واعتبر العادة الشيء الواحد مراراً وتكراراً في الأوقات المتقاربة.
2. تركيز على الطبيعة، كطريقة وأسلوب "دور كايم وجون ديوي"، تكوين الطفل تكويناً إجتماعياً.
3. التركيز على العملية التربوية كعلم أو كفن. (مقداد، 1997).

الأخلاق:

لغة: السجية والطبع والمروءة والدين والفطرة "هيئة مستقيمة متناسقة" وهي صفات اكتسبت ثم أصبحت عادة في السلوك، ولها جانبين "جانبان نفسي باطني وسلوكي ظاهري".

الأخلاق: هو علم الخير والشر والحسن والقبيح ويدخل في إطارها جميع العلاقات الإنسانية حتى علاقة الإنسان بغيره من الكائنات الحية الأخرى.

والسلوك الخلقي: هو كل سلوك خير وحسن يقوم به الإنسان بإرادة خيرة ولغاية خيرة.

والإنسان المتخلق: هو الإنسان الخيّر في حياته الظاهرية والباطنة، لنفسه ولغيره على حد سواء.

والمبادىء الأخلاقية: تشمل عادة شتى سلوك الإنسان لحياته الخاصة ولحياته مع غيرها معاً، وهي تحمل قيماً مختلفة، فنجد هناك مثلاً قيماً إجتماعية وعلمية وسياسية واقتصادية" (مقداد يالجن، 1996).

وعلم الأخلاق: هو علم ينير الطريق لما ينبغي أن يكون (زقزوق،1983).

في الفلسفة، تشد ساحة الأخلاق من الأرض إلى السماء أو من عالم المادة إلى عالم الروح "الفلسفة الروحية"، ليبنتز "فليسوف ألماني" الجمهورية العامة للأرواح، الاتجاه الصوفي" الدخول في كل خلق سني والخروج من كل خلق دنيء".

وإلى جانب المذهب الروحي هناك مذهب آخر في الأخلاق هو المذهب العقلي "المعتزلة وابن سينا والفارابي وابن مسكوية تاثرا بأرسطو"، فالغزالي جمع بين الروحي والعقلي معاً (يالجن، 1996).

إن العملية التربوية: هي العملية التي تنتج عن المؤثرات المختلفة، التي توجه وتسيطر على حياة الفرد، ولهذا تعرف التربية اصطلاحاً بأنها "التنشئة والتنمية" فهي نظام اجتماعي يحدد الأثر الفعال للأسرة والمدرسة في تنمية النشء من النواحي الجسمية والعقلية والأخلاقية حتى يمكنه أن يحيا حياة سوية في البيئة التي يعيش فيها، وهي عملية عامة لتكييف الفرد مع تيار الحضارة في الزمن الذي يعيش فيه وبهذا تصبح التربية عملية خارجية يقوم بها المجتمع لتنشئة الأفراد فيه ليسايروا المستوى الحضاري العام.

أما أحدث التعاريف للتربية، فهو التعريف الذي يدور حول عملية التكيف وهو أن "التربية عملية التكيف أو التفاعل بين المتعلم وبيئته التي يعيش فيها، أو أن التربية عملية تكييف مع البيئة المحيطة".

فالتربية إذن عملية تطبيع مع الجماعة، وعملية تعايش مع الثقافة وهي بالتالي حياة كاملة في مجتمع معين وتحت ظروف معينه وفي ظل حكم معين

وتماشياً مع نظام محدد، إنها عملية تشكيل وصقل للإنسان (ناصر، 1988).

فالأخلاق: هي وحدها التي تجعل أمن الإنسان مستقلاً عن أفق البهيمة، وهي الأصل الذي تتفرع عليه كل صفات الانسان من حيث هو كذلك، والعقلانية التي تستحق أن تنسب إليه، ينبغي أن تكون تابعة لهذا الأصل الأخلاقي فهناك العقلانية المجردة من الأخلاقية، وهذه يشترك فيها الإنسان مع البهيمة، وهناك العقلانية المسددة بالأخلاق، وهي التي تختص بها من دون سواه فالأخلاقية هي ما به يكون الإنسان إنساناً.

فالأخلاق: مراتب مختلفة قد تكون أدناها مرتبة القيام بالواجبات عنوة، وتكون أعلاها مرتبة الإتيان بالواجبات فطرة. والرغبة إنما هي من جنس الهوى، والشهوات تتغير بتغير الأحوال وغالباً ما تتعارض فيما بينها، بل نجد من يعبر عن الرغبة بمفهوم المحبة ولكن لا بد أن نفرق بين محبة الإنسان للآلهة ومحبته للإنسان، إذ أن الأولى هي ثمرة القيام بالطاعات والقربات التي شرعها له هذا الإله، والثانية هي ثمرة تبادل الإعتبارات والخدمات التي وضعها الإنسان لنفسه.

لقد أصاب الفلاسفة حينما نسبوا المفاهيم الأخلاقية إلى الإنسانيات والمعنويات لكنهم أخطأوا حينما قصروها على هذين المجالين ولم يلتفتوا إلى مجال الغيبيات، فلا أخلاق بدون غيبيات كما لا دين بدون غيبيات، وها هنا ترى حقيقة الفلاسفة فيها بين مقر بها ومنكر لها ومتردد فيها، لا لشيء إلا لكون حقيقة الدين أعجزت العقول.

يدرك المتخلق أكثر من غيره أن الإنسان ما خلق إلا ليتخلق (طه،2000). والأخلاق تقوي إرادة الإنسان على الخير وسلوك الطريق القويم وتنشيط العزيمة على المضي في سبيل الفضيلة والاهتداء بها في أعمالها.

فالتربية الأخلاقية بشكل عام هي تكيف الأفراد مع قيم سائدة في بيئة مجتمعه محددة يكتسب من خلالها الخير باقترابه من الصواب وابتعاده عن الخطأ

الذي هو شر، وفي حالة عدم أخذ الحقيقة هناك عقاب يترتب على ذلك.

إن أهم هدف من أهداف التربية هو الإرتقاء بالسلوك الإنساني نحو هذه الأخلاق الكريمة وكذلك العملية التربوية تقوم على قيم معينة تحكمها معايير وقواعد أخلاقية، تستمد وجودها من ثقافة المجتمع السوي الذي نشأت فيه، وتحدد الأنماط السلوكية التي تعمل على تخليقها عند الناشئين.

فالأخلاق تدخل في كل نشاط تعليمي وتؤثر فيه سواء في وضع المخطط والأهداف التعليمية أو عند القيام بعملية التقويم واختيار الوسائل والأساليب وبما يتعلق بالمناهج ومدى تحقيقها للقيم الخلقية المنشودة، وهي تدخل في أركان النظرية التربوية وتعبر عن صورة المجتمع بما يحمل من مبادىء وما يكتسب منها، وتعتبر التربية الأخلاقية من العوامل الأساسية في إكساب البرامج التربوية الفاعلية والتأثير في سلوك الناشئين.

المداخل التربوية لتكوين القيم وإكسابها: تعد عملية التنشئة الإجتماعية التي تقوم بها التربية بمؤسساتها المختلفة هي العملية التي يتشرب بها الأفراد متضمنات النسق القيمي للمجتمع الذي يعيشون فيه. (ضياء،1986) ويمكن اعتبار التربية الأخلاقية هي تنشئة الطفل على المبادىء الأخلاقية وتكوينه بها تكويناً كاملاً من جميع النواحي وذلك بتكوين استعداد أخلاقي للإلتزام به في كل مكان وإشباع روحه بروح الأخلاق وذلك بتكوين عاطفة وبصيرة أخلاقية حتى تصبح مفاتيح للخير ومغاليق للشرور، أينما كان وحيثما وجد باندفاع ذاتي إلى هذا وذاك عن إيمان واقتناع وذلك باستخدام جميع الأسس والطرق والوسائل والأساليب التي تساعد على تحقيق وتكوين ذلك الإنسان الأخلاقي الخير، (مقداد يالجن، 1996) وعملية التربية باعتبارها عملاً من الأعمال لا بد من أن تخضع للروح الأخلاقية وأن تدخل في ميدان من ميادين الأخلاق والتربية انتقال من الأسوأ إلى الأفضل وهي عملية اختيار البديل الأفضل في السلوك وهذه عملية أخلاقية، ويقول بعض التربوين أنه لا يوجد في الحقيقة ميدان من ميادين الاهتمام التربوي، لا يمت إلى

المسألة الأخلاقية بصلة وذلك لأن المفهوم الشامل للأخلاق يمتد ليشمل كل الميادين الخيرة الإنسانية.

إن هربرت سبنسر أنكر أية صلة بين العلم والأخلاق، فالعلم في رأيه ليست له سلطة تهذيبية، وأن أخلاق الإنسان غير قابلة للتغيير، فيقول "كيف يرجى من العلم تهذيب الأخلاق وإصلاح النفوس بينما نرى من المتعلمين الذين استنارت عقولهم واتسعت مداركهم أفراداً لا أخلاق لهم (زقزوق1983).

نظريات التربية الأخلاقية: لقد تناول كثيرون من المنظرين موضوع السلوك الخلقي لدى الإنسان لكن دخول السلوك الخلقي في إطار البحث العلمي والتجريبي كان سبباً لظهور نظريات متخصصة في هذا الميدان وسوف يتم عرض النظريات التي تناولت السلوك الخلقي والأحكام الأخلاقية:

1. منهج الجماعة الإجتماعية في السلوك الأخلاقي.
2. نظرية التحليل النفسي الفرويدي.
3. نظريات النمو المعرفي.
4. نظرية التعلم.
5. نظرية النمو الخلقي الشامل.

● **منهج الجماعة الاجتماعية في السلوك الاخلاقي:**

التركيز على دور العرف والقانون وما تقرره الجماعة.

● **نظرية التحليل النفسي الفرويدي:**

تنطلق المدرسة من النظرية الفلسفية القائلة بأن الإنسان شرير في الأساس ويصور فرويد صاحب هذه المدرسة الإنسان كحزمة من الدوافع على الكبار توجيهها لتحقيق أهداف اجتماعية، بمعنى أن الطفل ينمو خلقياً من خلال تقمصه لسلوك

وقوانين والديه، ويتركز بحث هذه النظرية حول تطور الضمير والأنا الأعلى، فيرى فرويد أنه لكي يحصل الطفل على الثواب ويتجنب العقاب فإنه يتعلم أن يقود سلوكه التي يحددها الوالدان الذي يصبح جزءاً من الضمير الذي تتكون منه الأنا الأعلى عن طريق ما يجيزه ويوافق عليه الوالدان (الأنا المثالية) وعن ما يدان ويعاقب عليه من قبل الوالدين، فالأنا الأعلى تحمل كمنظومة للضبط الداخلي لدى الفرد الذي يحل محل الضبط الصادر عن الوالدين، واعتقد فرويد أن قيم الطفل الخلقي يتم اكتسابها في السنوات الخمس الأولى. ومن المعلوم أن هذه النظرية تواجه كثيراً من النقد إلى درجة يصعب اعتمادها في التربية.

- **نظرية التعلم:**

يعتقد أصحاب نظرية التعلم أن السلوك الخلقي يتكون عند الفرد عن طريق التعلم، بما في ذلك التعلم عن طريق التقليد ويعتبرون أن مبادىء التعلم كافية لتفسير السلوك الخلقي هي نفسها المتضمنة في تعلم أي نوع من السلوك.

لقد ظهرت نظرية التعلم في السلوك الخلقي نتيجة لعدد من الأبحاث والدراسات التي أجريت على أثر الوالدين في السلوك الخلقي، ودعمت افتراضاتها بنتائج بحوث عن طاعة السلطة وإكساب الضمير والإيثار والتعاطف ومقاومة الإغراء، وكانت النظرية الأكثر اهتماماً بموضوع تعلم الأخلاق بين نظريات التعلم هي نظرية التعلم الإجتماعي التي تدرس تطور الإنسان بناءً على افتراض أن إكساب أنماط السلوك أثناء مراحل النمو للفرد هو بشكل رئيسي نتيجة لتفاعل الفرد مع الاخرين ومعيار الخلق الحسن هو الالتزام بالتوجه الذاتي الداخلي للسلوك وتعطي هذه النظرية أهمية كبيرة للتعزيز في عملية التعلم. والنماذج التعليمية لنظرية التعلم الاجتماعي تقوم على اعتبار أن الأطفال في المدرسة يتعلمون من تفاعلهم مع مدرسيهم وزملائهم القيم الخلقية والذاتية وأمام هذا الواقع فعلى المعلم أن يكون نموذجاً صالحاً ويثبت السلوك المناسب فيكافىء الأحكام والقيم الخلقية المناسبة ويعاقب الأحكام والقيم غير المناسبة ويلاحظ أن للقصص والأمثلة التي يستخدمها في غرفة الصف تأثيراً على النمو الذاتي والخلقي للمتعلم،

وأمام حيرة التلاميذ من الوصول إلى قيم واضحة لغياب قيم مطلقة لمجتمع فإنه يتوجب على المعلم أن يساعد طلبته على تفهم وتفحص قيم المجتمع عن طريق إجراء مناقشات حول القضايا الخلقية التي من شأنها أن تزيد وعيهم بقضايا الصواب والخطأ في الحياة.

- **نظريات النمو المعرفي:**

تنطلق نظريات النمو المعرفي في فلسفتها الخلقية من اعتبار العدالة والمساواة والتعاونية لب الأخلاق وهم يجدون أن اكتساب الأخلاق عملية إصدار أحكام ترتبط بنمو التفكير عند الأفراد وأن النمو الأخلاقي جزء من عملية النضج ضمن إطار خبرة العمر العامة وهو يرتبط بسلسلة من المراحل شبيهة بمراحل النمو المعرفي للفرد والسلوك الخلقي هو أحد جوانب السلوك الإنساني الذي تحكمه تصورات الفرد وأبنية المعرفية وهو أحد نواحي تكيف الفرد المعرفي مع تغيرات بيئته وواقعه الاجتماعي، وقد وضع بياجيه مراحل للنمو الاخلاقي:

المرحلة الأولى: مرحلة ما قبل الخلقية وفي هذه المرحلة لا يمتلك الأطفال إلا معرفة بسيطة عن قواعد الخلقية وموقع هذه المرحلة قبل سن الخامسة من العمر.

المرحلة الثانية: مرحلة الخلقية التابعة من السنة السادسة إلى السنة العاشرة، ويكون للطفل فيها مستوى من الإلتزام بالقواعد الأخلاقية ووجود الثواب والعقاب هو الذي يحدد أن الأفعال التي قام بها هي صحيحة أو خاطئة.

المرحلة الثالثة: تدعى مرحلة الخلقية المستقلة ففي هذه المرحلة يمكن للطفل فهم معنى القاعدة وتعليلها بشكل منطقي فمع ازدياد سعته المعرفية يكتسب الاستقلالية في أحكامه الخلقية، والالتزام بالاخلاق ليس مبنياً على قواعد مطلقة والسلطة من قبل المسؤولين بل هي قواعد ينظر إليها أنها نظام يعبر عن الحقوق المتبادلة التي يتساوى فيها الجميع.

● **نظرية النمو الخلقي الشامل:**

الأساس الذي عليه هذه النظرية هو أن النمو الخلقي لا يعتمد أساساً على النمو العقلي وإنما يشمل أيضاً الرغبات والشعور والعواطف والإرادة.

ورائد هذه النظرية هو نورمان ويرى أن النمو الخلقي يمر بأربعة مراحل:

1. مرحلة ما قبل القيم الخلقية: يتصرف الطفل بدون قواعد أخلاقية فما هو مؤلم فهو سيء وما هو سار فهو حسن.

2. مرحلة القيم الخلقية الخارجية: في هذه المرحلة توجه السلوك عوامل الثواب والعقاب فما يعاقب الطفل عليه فهو سيء وما يثاب عليه فهو حسن.

3. مرحلة القيم الخارجية والداخلية: في هذه المرحلة توجه التقاليد الاجتماعية سلوك الطفل ويترجم هذا التوجه عملياً بوسائل المدح والذم ومع أن هذه التقاليد عوامل خارجية إلا أن لها رصيداً قوياً في نفس الطفل وتفكيره، ومن أبرز سمات هذه المرحلة هي التبادلية أي أن الطفل يتبادل الأخذ والعطاء مع بيئته الخارجية.

4. مرحلة القيم الداخلية: وهي المرحلة التي يتحرر فيها سلوك الناشيء من الضغوط الخارجية ويتسم بالاستقلالية في السلوك الخلقي، والأسلوب الأمثل للتربية الخلقية في نظر "بل" هو التربية الخلقية الموجهة وهو أسلوب يستهدف تطوير شبكة علاقات اجتماعية سليمة ومقبولة تبلغ الفرد درجة النضج الخلقي، ويجب أن تراعي التربية الخلقية مراحل النمو المختلفة، ويبدأ اسلوب التربية الخلقية من الخبرات الواقعية للطفل ورغباته ومشكلاته في البيت والمدرسة والمجتمع.(عرسان،1992).

العوامل المؤثرة بالتربية الأخلاقية "تأثير وتأثر" المؤثرات الوراثة والبيئة، وميول، رغبة، إرادة وخلق.

1. عوامل داخلية "غرائز، انفعالات عاطفية، الضمير، حاجات، وبيولوجية والمرحلة العمرية".
2. عوامل خارجية المجتمع والبيئة المحيطة "الأسرة ودورالقيادة والمدرسة والعلاقات (زقزوق،1983).

مناهج التربية الأخلاقية:

إن هذا الموضوع له أهميته وخطورته لأنه يتوقف عليه نجاح التربية أو فشلها، كموضوع تحديد معايير التربية الأخلاقية.

ولنبين أولاً بإيجاز ما وصلت إليه الدراسات التربوية في هذا المجال ثم نعقبه بما قدم الإسلام فيه وقيمة ما قدم بالنسبة إلى تلك الدراسات، وأساس اختلاف وجهات نظر المربين في تحديد مناهج أساس فلسفي، ذلك أنه إذا كانت فلسفة التربية تخضع للفلسفة التي تتبعها كما بينا في أول الرسالة فإن منهج التربية يخضع لفلسفة التربية لأنها الوجه العلمي للفلسفة، فإن الطريقة التربوية توضح الوجه الذي تتحول به فلسفة التربية إلى التنفيذ، ومن ثم تتحدد المناهج تبعاً لتعدد فلسفات التربية بل قد تتعدد المناهج وفقاً لوجهة نظر فلسفة واحدة لوضعهم مناهج متعددة لتحويل تلك الفلسفة إلى واقع عملي وتنفيذ غايات تلك الفلسفة في تكوين المربي، لذا نرى بعض الدارسين يقرر "أن طرق التربية تتعدد وتتنوع تبعاً لتعدد الفلسفات وتنوعها، بل أن الفلسفة الواحدة قد تؤدي عند محاولة تطبقيها إلى أكثر من منهج تبعاً لاختلاف وجهات النظر في تفسيرها ومناهج الاستفادة منها" ولكن ما هو المنهج؟

المنهج: هو مجموعة الخبرات التي تهيؤها المدرسة لتلاميذها داخلها وخارجها ليتحقق النمو الشامل في جميع النواحي، وقديماً كان يطلق على مجموعة المواد الدراسية أو المقررات التي يدرسها التلاميذ، فالطريقة والمنهج مختلطان فقد قال الدكتور الدمرداش سرحان مبيناً صلتها بالمنهج والفلسفة

بقوله "فالفلسفة تحدد الأهداف التي توجه العملية التربوية، وعلم النفس التعليمي يساعدنا على فهم خصائص نمو الأطفال ونفسياتهم وسلوكياتهم، والمناهج تحدد أنواع الخبرات التي ترى المدرسة أنها كفيلة بتحقيق أهدافها، والطريقة تعتمد على هذه الميادين وتعين المربي على تحقيق رسالة المدرسة".

ويحدد تعدد الطرق بقوله "وتعدد طرق التربية تبعاً لتعدد النظريات والفلسفات السيكولوجية وتبعاً لتفسيرات مختلفة، لكل من هذين العاملين، ويحتاج المدرس إلى دراسة الطريقة التربوية لكي يستعين بها على بلوغ الغايات التي تستهدفها التربية".

والحقيقة أن الطريقة بصفة عامة تحدد وفقاً لغاية فلسفة التربية التي تتبعها ووفقاً لنظرية هذه الفلسفة في طبيعة سيكولوجية الطفل ومدى تفاعلها مع الخبرات والمعلومات التي يراد تكوينه وتنشئته بها وفي ضوئها، وطريقة التربية الأخلاقية ذلك المنهج العام الذي تحدده فلسفة التربية التي تتبعها التربية الأخلاقية والتي تدعوه المربي إلى أن يلتزم بذلك المنهج العام في التربية الأخلاقية.

هذا إلى أن هذه المناهج تأخذ أشكالاً بحسب نوعية الأطفال الذين يراد تربيتهم، لأن هناك أطفالاً مختلفين وهناك أطفال منحرفون وهناك أطفال أسوياء، ولهذا فقد تتخذ وسائل معينة للنهوض بالأطفال المتخلفين وقد تتخذ مجموعة وسائل التربية الشعور بالمسؤولية الأخلاقية لدى المنحرفين، وقد يكون ذلك عن طريق إسناد إدارة دفة التنظيمات الإجتماعية أو المؤسسات الإنتاجية إليهم، وقد يستهدف من ذلك تكوين هذه المناهج تختلف بناء على ذلك في إتاحة مجالات العمل والممارسة وتحميل المسؤوليات على الأطفال الذين يراد بناء شخصياتهم بناءً أخلاقياً، ومن أشهر المربين الذين قاموا بتطبيق هذه المناهج في ميدان التربية "جون فرنسيس" والبيرايم.

وإذا ما أعدنا النظر في هذه المناهج الثلاثة وجدنا هناك فروقاً واضحة بينها وأهم هذه الفروق بين هذه المناهج من ناحية تقويم النتائج التربوية ما يلي:

كما فيما يتعلق بالمناهج التلقينية يقرر المربون أنها تكون شخصية أخلاقية صورية محددة لا تتجاوز حدود الصور الأخلاقية الملقنة بها في حياتها العملية ولا تكون بصيرة أخلاقية تؤدي إلى إبداع وابتكارات أخلاقية كما أنه من المستحيل أن يجد الفرد الذي يرتبط بهذه الطريقة الانسجام والوئام بين أثر الأخلاق الملقنة وأثر الأخلاق التي يكونها نتيجة خبراته في الحياة، ومن ثم يكون شعوره نحوها بالسلطة والقهر ثم يحاول تدريجياً التملص منها والتمرد عليها، كما يدخل في شعوره وأعماله الأخلاقية النفاق والرياء والكذب، وذلك أنه يشعر عندئذٍ بأن تلك الأخلاق تمثل إرادة زمرة أو أفراد معنيين وليست لها صلة أساسية بقوانين الطبيعة أو قوانين الحياة، ويمكن الاستغناء عنها دون أن يصيبه أي نقص من قيمة الحياة، لأنها لا تحقق له حاجة أساسية في الحياة.

ولهذه النتائج ولما لاقت من نقد لاذع من المربين حاول بعض أنصار هذه المناهج ربطها بالدروس الأخلاقية وتبيان أن النظام الأخلاقي كما هو نظام خارجي فهو نظام طبيعي في نفس كل إنسان، ولا شك أن هذه الإضافة إيجابية لكن مع ذلك لا بد من أن يتماشى إفهام هذه الحقائق للأطفال مع مستوياتهم في النمو العقلي والعملي معا.

والعنصر الإيجابي الآخر في هذه المناهج اهتمامها بالقدوة الحسنة في ميدان التربية الأخلاقية ثم أن التلقين نفسه له دور إيجابي في المراحل الأولى من حياة الأطفال لكن ينبغي الاكتفاء به في المراحل المتأخرة، وآخر نقد وجيه وجه إليها أنها تأخذ في التربية أسلوب العنف والقسر الخارجي والإلزام والضغط قبل الإقناع، ولهذا فإن الذين تربوا في ضوئها إذا شعروا في المراحل المتأخرة بزوال تلك السلطة وغياب أصحابها عنهم أو إذا وجدوا طريق التملص والنجاة منها لا يتجنبون إطلاقاً ارتكاب الأفعال المناقضة للأخلاق ولا يجدون في نفوسهم أي شعور بالالتزام الدائم بالفضيلة وهذا هو السر الذي نجده في الانحلال السريع لدى الشبّان ظاهراً وباطناً خاصة عندما يغيب آباؤهم أو إذا ابتعدوا عن آبائهم، وعن أعين المربين ومن بيدهم السلطة فإن أهم شيء في التربية تكوين ضمير وبناء على ذلك

تكون هناك طرق في التربية الأخلاقية وبقدر ما هناك من فلسفة تربوية ونظرتها في طرق التربية الأخلاقية. ولكثرة تلك الطرق يطول بنا المقام لو حاولنا تفصيلها وبيان مميزات كل منها، ولهذا رأيت من الافضل تصنيفها في ثلاث مجموعات عامة كما أتخذ ذلك الاسلوب في العرض بعض المربين المحدثين: أمثال روبيه أوبير.

أولاً: المناهج التلقينية:

وقوام هذه المناهج في التربية الأخلاقية الاعتقاد أنه من الممكن، بل من الضروري مخالفة الطبيعة الإنسانية وميولها ونوازعها في تكوين إرادة أخلاقية مستقلة، إذ الأخلاق لها وجود واقعي مستقل مؤلف من منظوم من الوقائع والقيم خارج إطار طبيعة الإنسان ووعيه، وعلى التربية إدخال الأخلاق بالمفهوم السابق على وعي الطفل، لتنظيم سلوكه وتكييفه بالقوالب أو المباديء الأخلاقية حتى تصبح الأخلاق طبيعة ثانية له قلباً وقالباً، وذلك عن طريق التلقين والممارسة من الصغر، وترى هذه الطرائق جملة أنه لا بد من استخدام السلطة لجبر الطفل على السلوك الأخلاقي وليست سلطة المدرية فحسب، بل سلطة الأسرة والمعلمين أيضاً، ولا ترى بأساً بالضغط الخارجي إذا لزم بأن يزجر الطفل وتكبت نوازعه الفطرية وأن يعاقب إذا خرج عن النظام الأخلاقي.

والفلسفات التي تؤيد هذه الطرائق وتدعو إليها تلك التي ترى أن الأخلاق منظمة من المباديء ليست نابعة من الطبيعة الإنسانية، وإن كان في الطبيعة الإنسانية استعداد عام لتقبلها والتطبع بها مثل الفلسفة الروحية والفلسفة الاجتماعية، ولهذا لا ترى إطلاقاً أن التربية الأخلاقية ويمكن أن تتم عن طريق تفتيح قوى الطبيعة الإنسانية بل بالأحرى ترى أن تتم عن طريق سلطة الراشدين إجبارهم الأطفال بالسلطة والضغط الخارجي على السلوك الأخلاقي.

ثانياً: المناهج الحدسية الطبيعية:

وهي طرائق تلك الفلسفات التي تؤمن بأن طبيعة الطفل خيرة وعن طريق

التفتيح الداخلي بالطريقة الطبيعية الخاصة ينمو الطفل نمواً أخلاقياً سليماً، كما أن بذرة الشجرة تنمو وتصبح شجرة كاملة إذا أنبتت نباتاً طبيعياً ووجدت الرعاية اللازمة والكاملة، ولهذا فإن هذه الفلسفات تؤمن بالتربية الأخلاقية التي تتم عن طريق تفتيح القوى الطبيعية من الداخل، لأنها قوى خيرة وتنمية تلك القوى ومراعاتها تؤدي إلى نمو الطفل نمواً أخلاقياً كاملاً. ثم يصبح إنساناً كاملاً.

ومن أهم هذه المناهج مناهج جان جاك روسو وأنصاره الذين يرون أن يترك المربي جانباً من الحرية للقيادة الذاتية والحياة الطبيعية الحرة وخاصة في المراحل الطفولية الأولى، كما سبق بيانه وأن أخلاقياً متشبعاً بقيمة الفضيلة وشعوره بضرورة الإلتزام بها كل مكان وزمان لقيمتها الذاتية لا لأنها مجرد مطالب من الآباء والمربين.

أما فيما يتعلق بالمناهج الحدسية الطبيعية فيقررون أن إعطاء المتربي الحرية الكاملة بدعوى أن ذلك يساعده على نموه نمواً كاملاً سوف يترتب عليه أن هذه الحرية ستجعله أسير طبيعته العفوية وخاصة عندما تتاح الحرية للغرائز الطبيعية المختلفة ثم أن هذه الحرية الحقيقية التي يمكن أن تبقى أو تدوم لأنه سوف يخرج إلى مجتمع منظم يجبره على الخضوع للنظام، إذ الأمر يقتضي من المبدأ تكوين روح الخضوع للنظام وضبط النفس والوقوف أمام دوافع الغرائز، بل أكثر من هذه فإنها عندما تعوده على الحرية الطبيعية من البداية فإنها تيسر السبيل لجميع مزالق النزوات الفردية فيما بعد.

ومما يوجه إليها من النقد الوجيه أيضاً أنها تعتقد خطأ ببساطة طبيعة الطفل دون التفريق بين غرائزه وحاجاته ومطالبه، كما أن بعضها لا يجعل للتربية غاية وهذا يؤدي لا محالة إلى عزل المتربي عن الحياة الإنسانية، كما أنها تجعل لكل مرحلة حياة مستقلة عن الأخرى دون ملاحظة أن مراحل العمر مرتبطة والحياة الحاضرة تؤثر في الحياة المستقبلية، حقاً أن لكل مرحلة ميزاتها لكن

الوصول إلى درجة الكمال لا بد من أن تكون كل مرحلة إعداد للتالية أيضاً، ثم أن إعطاء الحرية للأطفال لا يجعلهم يستطيعون التحمل للتكاليف والواجبات فيما بعد كما أنّ عدم تحديد مثل أعلى لهم يحذون حذوه لا يساعد على الوصول إلى الكمال الأخلاقي، إذ لا يمكن الوصول إلى الكمال الأخلاقي بالصدفة أو بالخبرات العفوية مصادفة، ثم أن الأبحاث العلمية اكتشفت أخيراً أن الأطفال لا يرفضون النظام الدقيق ولا يشعرون إزاءه بالقسر والضيق، بل هم يطالبون به وبما فيه من جزاء ويبحثون عن وسيلة للتفكير عن ذنوبهم إذا ما شعروا بالإساءة والخطيئة في أفعالهم. كما يحبون أن يعاقبوا المسيئين أكثر من الكبار، ولهذا يقرر بعضهم"بأن الشعور بالإثم إذا لم يخفف عنه العقاب يمكن أن يؤدي إلى كبت لا يقل خطراً على النمو الأخلاقي من كبت سائر النزعات الطبيعية"، ومن ثم يقررون أنه إذا كان عيب المناهج التلقينية أنها تؤدي باستخدامها السلطة والقسر الخارجي إلى كبت كثير من النوازع والميول والقوى الطبيعية فإن عيب هذه المنهج هي عدم استخدامها أية سبل للسلطة والقهر وترك الحبل على الغارب ثم عدم تدخل لتنمية القوى خاصة في كل مرحلة، مما يؤدي إلى ما أدت إليه المنهج الأول مع فارق واحد، هو أن نزعة الطفولة تمكث في الحالة الأولى مضمرة بينما هنا تبقى ظاهرة.

وأخيراً: أما المناهج الفاعلة فقد حاولت تفادي عيوب المنهجين السابقين واتخذت نهجاً وسطاً بأن جعلت الجهد الذي يجب أن يبذله الطفل في ميدان التدريب الأخلاقي متلائماً مع اهتماماته النفسية ولا تتجاوز تلك الاهتمامات قدراته في كل مرحلة ولا تتطلب من جهة أخرى أن يستخدم المربي السلطة القهرية بل لا يتدخل بالقدر اللازم لتوجيه الطفل وقيادته ووضع مثال أخلاقي أمامه يمارس المربي دوره كمرشد وموجه وأن يعد للأطفال بيئة طبيعية طيبة طاهرة ، ولا يسمح بأي حال من الأحوال بأن تتسرب الرذيلة إلى نفوسهم من أي جهة أخرى.

والتربية في هذا الإتجاه ليست مجرد طريقة الإعداد للحياة، بل هي الحياة نفسها، وهناك منهاج المربي هامبورغ وأنصاره الذين يؤمنون بالحرية المطلقة للطفل وذلك ليفتح تفتحاً أخلاقياً كاملاً من الداخل وذلك لثقتهم الكاملة بطبيعة الطفل والنمو الاخلاقي.

وهناك من الحدسين من يلغي الغاية من التربية وجميع القيود الخارجية فيها، لأن طبيعة الطفل الخيرة التي تحدد الغاية والنمو السليم من جميع النواحي فالمرشد الأمين هو ذاتية الطفل وطبيعته، وكأن أول من مثل هذا المنهج في التربية الأخلاقية في أوروبا المربي إيلين كي، وكان يعتقد أن الطبيعة البشرية لا تفسد إلا تحت تأثير الظروف الخارجية وتحت تأثير التربية الخاطئة. وخير عامل يؤثر به المربي في الطفل تأثيراً تربوياً هو القدوة الحسنة.

ومن كبار المفكرين المربين البارزين المؤيدين للمنهج الطبيعي في التربية الاخلاقية، المربي والفليسوف سبنسر حيث أنه بدوره يؤكد إيمانه بأن المنهاج الوحيد للتربية الأخلاقية هو المنهاج الطبيعي، وإن كان هناك شيء من الفرق بينه وبين غيره فهو يرى مثلاً ترك الحرية للطفل وإيقاع العقاب الطبيعي في الوقت نفسه لتعليمه حدود الخير والشر ولتعليمه أيضاً أن الثواب والعقاب الأخلاقيين طبيعيان وضعهما اللـه في القوانين الطبيعية.

ثالثاً: المناهج الفعالة:

تتم التربية الأخلاقية بموجب هذه المناهج بالممارسة للمبادىء الأخلاقية في الحياة الاجتماعية وذلك بإرشاد المربي وتوجيهه بالقدر اللازم بحسب قدرة الطفل واستطاعته عقلياً وجسدياً في كل مرحلة من مراحل النمو ويجب أن تقل سلطة المربي كلما زاد نمو الطفل كما يجب أن يعطي حرية أكثر في المجالات العلمية ومع تحميله مسؤوليات حرياته وأعماله، كما ينبغي تدريبه على القيادة الذاتية والإدارة الجماعية عندما تبدأ اهتمامات الطفل الإجتماعية في المدرسة وخارجها تتوزع فيها الأعمال مع تحمل مسؤولياتها.

ويقترن التوجيه في كل مرحلة من مراحل النمو بوضع نموذج ومثال أخلاقي أمام المتربي ليحتذيه في ممارسته للاعمال الأخلاقية، كما ينبغي أن يكون كل من التوجيه والتلقين والدروس الأخلاقية متمشياً مع نمو مدارك الطفل

الطبيعي والثقافي، وذلك كله ليكون بناء الطفل الأخلاقي بخبراته الأخلاقية فكرياً وعملياً معاً، لا بمجرد بيان أن المعاني الأخلاقية كامنة أو مرسومة في بنية وعيه الشخصي كما يرى بعض رجال التربية وعلماء النفس. ليحتذيه ولا تعطيه الحرية المطلقة بل ترى أن الحرية ينبغي أن تطبق طرداً مع مقدار النضج الأخلاقي للمتربي وأن يطبق مبدأ السلطة عكساً مع ذلك النضج الأخلاقي كما يرى كرشنستاينر.

والآن وبعد هذا كله فبالنظرة العامة إلى تلك المناهج نجد أن في كل واحدة منها جوانب إيجابية وجوانب سلبية ويمتاز بعضها بأن جوانبها الإيجابية أكثر من جوانبها السلبية وربما كانت المناهج الفاعلة أكثرها تكاملاً مع ذلك فأنها لا يزال ينقصها بعض الجوانب، أهمها تكوين رقيب مستمر على ضمير الفرد وتصرفاته، وتكوين دافع أخلاقي قوي يدفعه. باستمرار إلى الإلتزام الدائم بالفضائل في كل الظروف والأحوال. ولننظر الآن إلى الإسلام ماذا قدم من مناهج لإكمال التربية الأخلاقية.؟ (مقداد ياجن،1977)، (رونيه ابير،1967).

ويرجح الدكتور مقداد الطريقة الفعالة على أنها أكثر تكاملاً ومع ذلك لا يزال ينقصها بعض الجوانب، أهمها: تكوين رقيب مستمر على ضمير الفرد وتصرفاته وتكوين دافع قوي يدفعه باستمرار إلى الإلتزام الدائم بالفضائل في كل الظروف والأحوال.

ويضيف وجهة نظر الإسلام في تحديد طرق التربية الأخلاقية كآلية تطبيقية تجمع الإيجابيات بالطرق المستعرضة وتتجنب أغلب السلبيات فيها وذلك للاستفادة من الثلاث طرق السابقة، والإستفادة منها بشكل عملي تطبيقي في واقع التربية.

مناهج علم الأخلاق:

1. المنهج التجريبي: هناك طريق واحد فقط للمعرفة وهو التجربة "الحسية فقط" الاستقرائي كما يرى أرسطو في منهج الاستقراء الذي يصعد إلى المبادئ، لا المنهج القياسي الذي يصدر عنها.

2. المنهج العقلي: طريق المعرفة هو العقل الذي هو قسمة مشتركة بين الناس جميعاً وقوة فطرية فيهم وهو مصدر كل معرفة يقينية يقيناً قاطعاً، ويتخذ طريق الاستنباط "المنهج القياسي" للإنتقال من الكلي إلى الجزئي. (زقزوق،1983).

ميادين التربية الأخلاقية:

العادات، القيم، السلوك، والنظم.

التربية علم تطبيقي وليس علماً إنسانياً. والتربية محكومة بالقيم، والأخلاق ميدان من ميادين القيم، واحد ميادين الفلسفة القيم "الأخلاق وعلم الجمال" تطبيقي لا يوجد قيمة بلا أخلاق أو أخلاق بلا قيمة مرضي عنها من قبل لمجتمع السوي، ومن وسائط العملية الأخلاقية، القيم التي تستطيع الوصول إلى الأخلاق "الخير والشر" الذي يعرف حتى بدون تجربة، فهو ليس تطبيقياً تجريبياً بحثاً مطلقاً.

إن التكيف ملازم للإرادة يخالف التطبع فأنت بالتكيف غير مجبر على عمل كل شيء، والضمير يسيطر على السلوك الإنساني، كما أن الأخلاق لا تطلق إلا على علم الإنسان.

إنها ليست مجرد دراسات نظرية جافة منفصلة عن حياة الناس وإنما هي دراسات مرتبطة ارتباطاً وثيقاً بحياة الناس وممتزجة بسلوكهم امتزاجاً عضوياً. (زقزوق،1983).

الأخلاق والقيم في العملية التربوية:

إن الأبناء في حياتهم المدرسية وفي مختلف تفاعلاتهم اليومية تواجههم مشكلات عديدة يرجع بعضها إلى عوامل نفسية أو ثقافية أو إجتماعية أو تربوية أو غيرها، وفي جميع الأحوال يصبح أصحاب الخبرة هم المسؤولون بصورة أو بأخرى عن مساعدتهم والمعلم بحكم كونه صاحب مهنة فمطالب أكثر من غيره بدور أساسي في هذا الشان.

وإن القيم ما هي إلا محصلة تفاعل الإنسان بإمكاناته الشخصية مع متغيرات إجتماعية وثقافية معينة وإنها محدد أساسي من المحددات الثقافية للمجتمع. (ضياءزاهر،1986).

القيم في منظورها الفلسفي:

أ.   المثالي: وجود عالمين أحداهما مادي والآخر معنوي.

ب.   الواقعي: القيم حقيقية موجودة في عالمنا المادي وليست خيالاً وأن الإنسان يستطيع أن يكشف القيم باستخدام الأسلوب العلمي والخطوات العملية أي عن طريق استخدام العقل، فالقيم عندهم مطلقة ولكن يمكن الحصول عليها وتقديرها عن طريق المشاهدة أيضاً.

ج.   البراجماتي: تؤمن بعدم وجود قيم أخلاقية مطلقة فأحكامنا حول القيم قابلة للتغير وبالتالي فالقيم عموماً نسبية فهم عكس المثالية، والقيم تقاس بنتيجتها أي ما يعود منها بالخير على الفرد والمجتمع في الموقف التي تطبق فيه.

والخلاف بين المطلق والنسبي ومصدرية السماء، والعقل والخبرات الإنسانية، وكلها متفقة في كون القيم معايير توجه سلوك الفرد والمجتمع وأن هذه المعايير قد تكون للفرد فيها حرية الاختيار، أو لا يكون، ويركزون على القيم من زاوية بعدها المطلق "ما ينبغي أن يكون" (زاهر،1986).

القيم وعلاقاتها بالعدات والاعراف الاجتماعية:

القيم والعادات: تتفق في كونها دوافع وطاقات للسلوك تتأثر بالسياق الثقافي للمجتمع على أن مصطلح العادة habit يشير في مفهومه السيكولوجي إلى حركة نمطية بسيطة تجلب اللذة لمن يقوم بها، أي أنها مجرد سلوك منكر ولفرد معين بطريقة تلقائية في مواقف محددة، في حين إن القيم تتضمن أكثر تعقيداً من السلوك المتكرر وأكثر تجريداً، كما أنها تنطوي على أحكام معيارية للتمييز بين الصواب والخطأ والخير والشر، وهذا كله لا يمكن توافره في العادة.

القيم والاتجاهات:

من حيث الموافقة الاجتماعية: الاتجاه مجرد ميل اقل من القيم.

درجة الوعي: الاتجاه أقل معيارية.

درجة التجرد: الاتجاه أقل تجريداً والقيم أكثر رمزية.

الثبات: الاتجاه تغير سريع والقيم تتغير ببطء.

التكوين: الاتجاه تتكون بسرعة القيم تتكون ببطء "لحاجتها للخبرات والمعارف".

درجة العمومية: الاتجاه يعبر عن عدد قليل من المواقف القيم تتكون لديها صفة العمومية.

القيم والأعراف الاجتماعية: social norms روكتش: "القيم" كفاية من غايات الوجود، وتتجاوز القيم المواقف المحددة. والقيم أمر داخلي وشخصي يصف العرف كصيغة خارجية" (زاهر،1986).

السلوك وعلاقته بالخلق:

السلوك: هو عمل إرادي كقول الصدق والكذب.

الخلق: هو صفة نفسية، أي حالة راسخة بالنفس ومظهر هذه الصفة هو السلوك. فالسلوك المستمر هو المظهر الخارجي للخلق وهو رمز له وعنوان عليه.

كما إن الشجرة تعرف بالثمرة، فكذلك الخلق الطيب يعرف بالأعمال الطيبة وحرية الإرادة والمسؤولية (زقزوق،1983) فعلم الأخلاق يساعدنا على معرفة الغاية الأخيرة للحياة وبين المقياس الأخلاقي الذي تهتدي فيه في الحكم على الأعمال فهو يوضح لنا الصورة المثلى التي ينبغي أن يتبعها الناس في معاملاتهم. (زقزوق،1983).

الوحدة الرابعة

علاقة الأخلاق بالقيم
"الخير والشر"

علاقة الأخلاق بالقيم

"الخير والشر"

تمهيد:

يختلف مدلول كلمة قيمة لدى الناس باختلاف استخدامها وحسب استخدامهم لها.

فكل موقع أو استخدام معين يختلف عن الآخر، وكذلك فإن استخدامها يدل على أنها تستعمل استعمالاً مطاطياً كثير المرونة. ومن معانيها أن الناس يستخدمونها للدلالة على معنى الفائدة أو المنفعة، ومثال ذلك حديثهم عن قيمة الهواء والغذاء والدواء بالنسبة للصحة والنمو، وبذلك يقصد الفائدة المادية والجسمية، ويتحدثون عن قيمة الصلاة والصوم للنفس بالفائدة الروحية والدينية، وفي حديثهم عن الصور والزهور في تزيين المكان يقصدون الفائدة الجمالية. ويذكرون قيمة المعاملة الحسنة للناس والجار بالفائدة الاجتماعية ويبرزون قيمة العلم والمعرفة والدراسة بالفائدة الثقافية، ويؤكدون قيمة المال بالفائدة الاقتصادية، كذلك تستخدم كلمة قيمة بمعنى قوة شرائية مثل قيمة هذا الدينار الذهب يساوي الآن ما قدره خمسون ديناراً، وتستعمل بمعنى القدرة والمكانة مثل قولهم أن لهذا الشخص قيمة كبيرة عندي، كما تستخدم كلمة قيمة على الشيء نفسه "كمركز" مثل القول: أن العلم قيمة والجهل قلة قيمة، وزواج رجل دين بامرأة محافظة له قيمة ولكن زواجه بممثلة قلة قيمة. (الرشدان،1999).

لقد اختلف الفلاسفة في تفسير القيم فمن قال بأن القيم مثالية وأنها وجدت قبل وجود الإنسان في المجتمع وأنه ليس للمجتمع فضل في وجودها فقيمة الشيء كامنة فيه وتعبر عن طبيعته، وعلى ذلك فإن القيم ثابته لا تتغير، وإن الذين يتبنون هذه النظرية هم الذين يأخذون بالفلسفة المثالية التي تبناها أفلاطون ودافع عنها في مدينته الفاضلة. أن النظام الإسلامي ينظر أنها مطلقة وأن

القيم تصلح لكل زمان ومكان، وأن القيمة نفسها لا تتغير وإنما يتغير الناس أنفسهم في تفسيرها وتطبيقها ففي الخير والصدق والأمانه والإخلاص وحفظ الجار وغيرها من القيم هي موجودة في الأصل.

وقد دعا إليها الإسلام وطلب من المسلمين أن تكون أعمالهم وأقوالهم منسجمة ومرتبطة بهذه القيم ولا يجد إلا تفسيراً واحداً لها، فالصدق يبقى صدقاً ويظل مفهومه واحداً لا يتغير على مر العصور وفي كل المجتمعات، فإذا صورت هذه القيم في معناها وأصبحت نسبية في المجتمعات التي تطبق فيها فليس معنى ذلك أن المجتمعات هي التي أفرزت هذه القيم.

وإنما لأن هذه المجتمعات باتت تفسر هذه القيم حسب مفهومها لها وحسب نوع العلاقات السائدة بين أفرادها ولو تفهموا الإسلام بشكل واع صحيح لما احتاجوا إلى أن يفسروا القيم تفسيرات مختلفة. وفي ضوء ذلك فإن أي قيمة تدعو إلى الخير والصلاح هي قيمة إسلامية أصلاً ودعا إليها الإسلام وطلب من المسلمين الالتزام بها. (عبيدات).

يرفض بعض الفلاسفة مثالية القيم ويعتبرونها لم تكن موجودة أصلاً وإنما وجدت نتيجة لاجتماع الأفراد مع بعضهم وتكوينهم لمجتمعات أفرزت هذه القيم، فمن خلال تجارب هذه المجتمعات استطاعت أن تميز بين الغث والسمين بين الخير والشر وما هو ملائم وما هو غير ملائم وصاغت الخير بقالب من القيم هي التي توجه سلوك الإنسان داخل مجتمعه، وفي ضوء ذلك ما يصلح كقيمة في مجتمع ما يمكن أن يكون في مجتمع آخر سلبية مرفوضة.

لقد جاء "رالف بارتون بري" بنظرية للقيمة سميت بالنظرية العامة للقيمة حيث اعتبر أن أي اهتمام بأي شيء يجعل هذا الشيء ذا قيمة فالاهتمام برأيه يعتبر الصفة والخاصية للقيمة." (الرشدان،1999).

ويرى ثورندايك أن القيم تفضيلات، وأن القيم الايجابية منها والسلبية

تكمن في اللذة أو الألم الذي يشعر به الإنسان. ويرى طلعت عيسى أن القيم تمارس سلطانها بصورة تطبع المجتمع - على اختلاف جماعته - بسماته الخاصة فالقيمة تستمد فعاليتها من حالة الرضا والتبجيل التي يمارسها الأفراد والجماعات في تصرفاتهم اليومية.

تعتبر نظرية "بري" من أفضل النظريات التي تبحث في القيمة، فالقيمة تعتبر قيمة إذا اعتبرها الفرد مركزاً لاهتمامه ويشعر بقيمتها، فالأشياء في قيمتها ليست خيرة كما أنها ليست شريرة ولكن اهتمام الإنسان بها هو الذي يرفع قيمتها أو يخفضها.

وعلى ذلك فإن ما نسميه قيمة إيجابية يمكن أن تقل قيمتها في مجتمع آخر وتتحول من قيمة مهمة إلى قيمة تافهة، وقد تتدرج في عداد القيم، فالقيم من نسيج الخبرة الإنسانية وهي جزء لا يتجزأ من كيانها، فالسرقة في نظر المجتمعات الحديثة تعتبر من الجرائم التي تخضع لمحاكمة القانون والمجتمع على السواء لكنها في المجتمعات البدائية تعتبر من القيم التي يعتز بها الأفراد في هذه المجتمعات.

مفهوم القيمة:

لقد حاول العديد من الفلاسفة تحديد مفهوم القيمة، فذهب ريبو Ribot إلى القول بأن قيمة الشيء هي "قدرته على اثارة الرغبة.

وإن القيمة تتناسب مع قوة الرغبة "جاعلاً هذا التعريف شاملاً لكل من القيمة الاقتصادية والقيم المعنوية ويذهب بعض المفكرين إلى القول بتعريفات أخرى للقيمة مثل "القيمة صفة الشيء المعتبر أنه قابل للرغبة فيه" أو ما هو جدير بأن يطلب ويمكن تعريف القيمة بصفة عامة بالمعنى الفلسفي من جهتين:

1. من وجهة النظر الذاتية: وتعني القيمة تلك الصفة التي يتصف بها موجود ما سواء كان شخصاً أو شيئاً، إذا ما كان هذا الموجود بالفعل مرادا أو مرغوباً أو مقدراً من إنسان أو جماعة معينة من الناس، أي إذا ما كان معترفاً به بوصفه لرغبة المرء الخاصة أو لرغبة أجنبية، فالقيمة تعني درجة التقدير أو الرغبة لموجودة ما.
2. من وجهة النظر الموضوعية: القيمة هي ما في الموجود نفسه - سواء كان شخصاً أو شيئاً - من سبب لتقديره تقديراً له ما يبرره. فالقيمة هي إذن هذا الذي يجعل من الممكن أن يصبح الموجود هدفاً لإرادة صحيحة وليس فقط لرغبة فعلية. لكن ماكس شلر Max scheler يرفض تعريف القيمة معللاً ذلك بأن القيمة موضوع لمعرفة مباشرة يدركها المرء كما هي، فضلاً عن القيمة هي التي تفيد ظواهر أخرى للضمير وهكذا لا تحتاج القيمة في إدراكها إلى شيء وسيط، فإدراكها يتم في تجربة قبلية مباشرة. فالمرء لا يحتاج إلى شيء وسيط ليدرك الجمال في لوحة فنية أو النبل في موقف من المواقف، صحيح أن القيمة لا بد أن توجد في حامل يحملها مثل الجمال في اللوحة والنبل في النفس، ولكن تجربة القيمة - في نظر شلر - ليست تلك النتجربة الحسية لحامل القيمة. فتجربة القيمة ليست تجربة حسية، فالشجاعة قيمة استخلصها من رؤيتين لأحوال حسية ظاهرة مثل حالة الجندي الذي يندفع إلى ميدان الجهاد بكل جرأة ولكن هذا المعنى غير الحسي وهو قيمة الشجاعة يتجرد عن كل الملابسات المكانية والزمانية.

والقيم تعرف على أنها "الصفات الشخصية التي يفضلها أو يرغب بها الناس في ثقافة معينة" (زهران،1977) فالشجاعة والإيثار وضبط النفس من الصفات المرغوبة في كل ثقافة. ولكن القيم ليست صفات مجردة فحسب، بل هي الواقع انماط سلوكية تعبر عن هذه القيم، ويمكن النظر الى القيمة على أنها اهتمام أو اختيار أو تفضيل أو حكم يصدره الإنسان على شيء ما مستعيناً بالمبادىء والمعايير التي وضعها المجتمع، لتحديد المرغوب واللامرغوب من أنماط السلوك

(الرشدان،1999) يمكن تعريف القيمة باختصار: هي الشيء الذي يحظى باحترام وتقدير الناس. (ناصر،2002).

أصناف القيم:

يمكن الحديث بصفة عامة عن صنفين من القيم تندرج تحتهما كل أنواع القيم مادية ومعنوية ويمكن تصنيف القيم المادية إلى:

1. قيم مطلقة لا تحدها حدود زمانية أو مكانية، وهذا الصنف من القيم يطلب لذاته بوصفه غاية لا وسيلة، ويطلق عليه اسم القيم الكامنة، أو خير القيم الباطنية الذاتية، فهي خير في ذاتها ولذاتها، فجمال الزهرة مثلا يقوم لذاته، فهو غاية في ذاته، ولعل أوضح مثال في هذا الصدد هو "السعادة" فنحن لا ننشد السعادة من أجل شيء غير السعادة، فهي ليست وسيلة لاي شيء خارج عنها.

2. قيم نسبية: يطلبها الناس بوصفها وسائل لتحقيق غايات أخرى، وهذه القيم يطلق عليها اسم القيمة الوسيلية أو الخارجية، فقيمة السيادة مثلاً مرهونة بمن تؤديه من خدمات، والمال لا تكون له قيمة إلا من حيث هو وسيلة لكثير من الامور المرغوب فيها في الحياة والتمييز بين هذين الصنفين من القيم بالغ الأهمية في مجال الأخلاق، إذ أن الحياة الخيرة هي تلك التي تؤدي إلى أقصى حد ممكن من الخير الكامن وفي الوقت تنظم القيم الوسيلية على أساس أنها تخدم القيم الكامنة، ويمكن تقسيم القيم المعنوية إلى أربعة أنواع على النحو الاتي:

1. قيم عقلية: وهي القيم التي تتعلق بالحق، مثل قيمة البرهان أو قيمة نظرية أو علمية.
2. قيم جمالية: تتعلق بالجمال مثل قيمة لوحة فنية أو قطعة موسيقية.

3. قيم خلقية: تتعلق بالخير مثل قيمة الصدق أو الأمانة وهي قيم تتضمن مطلباً يعبر عنه بصيغة ينبغي أن يكون.
4. قيم دينية: تتعلق بالدين وتكون مصحوبة في العادة باحساسات الرهبة والخشوع.

ويطلق "لويس لافيل louis lavelle "1882 – 1951" على النوعين الأول والثاني اسم القيم الأنسانية تجاه العالم، على اعتبار أن القيم العقلية تتعلق بمعرفة الأشياء وتفسير الظواهر ومعناها بالنسبة إلينا، وإن القيم الجمالية تقوم في اللذة النزيهة التي تزودنا بها المنظر المحض للاشياء كما يطلق إلى النوعين الثالث والرابع اسم قيم الإنسان فوق العالم، على اعتبار إن القيم الخلقية تتضمن الفعل في الواقع الموضوعي وتحويل العالم المادي، وإن القيم الدينية إلى التقدم الخالص للشعور بالله.

طبيعة القيم:

اختلفت اراء الباحثين حول طبيعة القيم: (زقزوق،1999).

- هل القيم لها وجود مستقل عن العقل الذي يدركها أم أنها من صنع العقل ذاته؟
- هل هي مطلقة أم نسبية ثابتة أم متغيرة؟

وقد ذهب المثاليون العقليون بصفة عامة إلى أن القيم صفات عينية كامنة في طبيعة الأقوال في مجال المعرفة، أو في طبيعة الأفعال، وذلك في مجال الاخلاق. أو في طبيعة الاشياء، وذلك في مجال الفنون. وما دامت هذه الصفات كامنة في طبيعة الأقوال والأفعال أو الأشياء فهي ثابتة لا يطرأ عليها أي تغيير بتغير الظروف والملابسات أو الزمان والمكان وفي مقابل هذا الرأي ذهب الطبيعيون من الوضعيين والبرمجماتيين والوضعيين المنطقيين إلى القول بأن القيم أمور نسبية خالصة مردها إلى الفرد، فهي صفات يخلفها العقل على الأفعال والأقوال والأشياء، ولذلك تختلف باختلاف الزمان والمكان والظروف والاحوال.

وقد ذهب نيتشة أيضاً إلى القول بأن القيم من ابتداع البشر، نشأت على أساس اعتبارات أخلاقية خاصة. وهذا يذكرنا برأي السوفسطائين قديماً. وقد تصدى ماكس شيلر للقول بنسبية القيم مبيناً أن القيم مطلقة، وغير قابلة للتغير وإنما يعتبر نسبياً هو مدى معرفتنا بهذه القيم في حد ذاته، فالقيم ممكن أن تدرك بدرجة تقل أو تكثر، ويمكن إن تتمثل أو تصاغ في شكل أو آخر، لكنها تظل في حد ذاتها مطلقة وثابتة ومستقلة في وجودها عن حواملها.

ولا تتغير صفاتها بتغير الأشياء وفي ذلك يقول: "فكما أن الأزرق لا يصير احمراً إلا إذا دهنّا كرة زرقاء بلون أحمر كذلك القيم ونظامها الترتيب لا يؤثر تغير حواملها من قيمتها فالغذاء يظل الغذاء والسم سماً، على الرغم من أن بعض الأجسام يمكن في آن واحد أن تكون سامة بالنسبة إلى هذا الترتيب العضوي ومغذية بالنسبة إلى ذلك التركيب العضوي الآخر، وقيمة الصداقة لا تهدر بسبب كون صديق معلوم قد تبين أنه زائف وأنه خائن" والحق أن القيم لها وجودها الخاص تماماً عن تقييماتنا بدليل أنها تفرض نفسها على كل وجدان بشري بطريقة أولية حدسية، فالإنسان يدرك القيم، كما يقول هارتمان بنوع من الرؤية الباطنة، وهي الرؤية الوجدانية لا رؤية عقلية، فأدراك القيم يتم بنوع من الوجدان أو العاطفة التي نستشعر فيها القيم، وهذا يفسر كون القيم يدركها الطفل كما يدركها الرجل الناضج، ويدركها الجهال كما يدركها المثقفون من الخاصة.

مصادر القيم:

تختلف المصادر التي تشتق منها القيم من ثقافة إلى أخرى، وعلى العموم فإن المصادر التي تشتق منها القيم في المجتمعات البشرية هي:

أ. التشريعات السماوية: وتشتق منها القيم المطلقة، وهي ثابتة مثل القيم المتعلقة بالحق المطلق والخير المطلق والجمال المطلق، وتشمل القيم الروحية والخلقية والمادية وغيرها.

ب. الأوضاع الاقتصادية والاجتماعية: ومجمل الحياة الإنسانية، وتشتق منها الكثير من القيم المادية والمعنوية المختلفة" (الرشدان،1994).

تختلف المصادر التي تستقي منها القيم باختلاف الثقافات والمجتعات والأفراد فمن القيم من يرجع مصدرها إلى الشخص نفسه، وهو الذي يحددها وهي فكرة قديمة ترجع إلى السفسطائين في المجتمع الاغريقي، حيث قالوا: إن الإنسان هو مقياس كل شيء وهو الذي يحدد الخير والشر والصواب والخطأ والقبيح والجميل والإنسان هو الذي جعل لأي قيمة معنى بقبوله لها والتزامه لها. وهناك اتجاه آخر يقول أن المجتمع هو مصدر القيم، فهو الذي يوجدها ويحافظ عليها وعلى الأفراد أن يلتزموا بها طالما أن جمعاتهم ارتضوها لأنفسهم ووجهة نظر ثالثة تقول أن مصدر القيم هو القانون الطبيعي الذي يمشي مع طبيعة الأشياء ويتفق مع العقل فالحق حق، لأن الحياة لا تقتسم إلا به، ويعتبر الدين مصدراً من مصادر القيم بل أن كثير من فلاسفة المسلمين اعتبروا الدين وحده هو الذي يحدد القيم فالحسن هو ما حسنه الشرع، والقبيح هو ما قبحه الشرع، وقسماً آخر قال إن الحسن هو الحسن بطبيعته وهو معروف عن طريق العقل وجاء التشريع موافقاً له. ويمكن القول أن مصادر القيم تتداخل فيما بينها، فما هو مرغوب من قبل فرد قد يكون من قبل المجتمع أو من قبل التعاليم الدينية وقد يكون سلوك الأفراد في المجتمع انعكاسا للعقيدة الإيمانية كما هو المجتمع المسلم الحق. (مرسي،1962).

خصائص القيم الخلقية "إن للقيم عدة خصائص منها:

1. إن لها وجوداً مستقلاً عنا قائماً بذاته، مثل أي شيء في العالم، غير أنه موجود مثالي لا واقعي، وإنها لا تحضع لاية حدود زمانية أو مكانية شأنها في ذلك شأن القضايا الرياضية.
2. تشمل على نداء موجة إلى ضمائرنا معبر عنه بصيغة "ينبغي أن يكون" ومن هنا فإنها لا يمكن أن تنتزع من الواقع المعبر عنه بما هو كائن.

3. إنها مطلقة وغير مشروطة بأي شرط، ولا تخضع لأي ظروف أو ملابسات أياً كانت.
4. كلما كان إدراك القيم أوضح كلما كان رد الفعل لدينا أشد، وكلما كانت الإرادة أي الاستياء"في حالة القيم النسبية" أو التحمس" في حالة القيم الاجتماعية أكثر قوة.

أهمية القيم:

بما أن القيم نتاج اجتماعي يتعلمها الفرد ويتشربها تدريجياً، ثم يضيفها إلى إطاره المرجعي، للسلوك من خلال عملية التنشئة الاجتماعية فإنها تلعب دوراً مهما في حياة الفرد والجماعة، ويبدو ذلك بصفة خاصة في انتقاد الأفراد الصالحين لبعض المهن مثل رجال الدين ورجال السياسة والأخصائين النفسيين والأخصائين الاجتماعيين وفي تعليم الناس القيم الصالحة. كما تلعب القيم دوراً مهما في التوافق النفسي والاجتماعي، وفي عمليات العلاج النفسي، كما تعطي القيم من الناحية الاجتماعية الوحدة للمجتمع والثقافة.

علاقة التربية بالقيم:

تتصل القيم بالسلوك الإنساني حيث إنها تتحكم في هذا السلوك من حيث الخيروالشر والحق والباطل، والجمال والقبيح، وأن أهم هدف من أهداف التربية هو الارتقاء بالسلوك الإنساني نحو هذه القيم. والتربية عندما تنقل وتحافظ على ثقافة مجتمع معين، فإن التربية لا بد وأن تتضمن جانب القيم من هذه الثقافة وكذلك فإن العملية التربوية تقوم على قيم معينة وتحكمها معايير وقواعد أخلاقية تستمد وجودها من ثقافة المجتمع الذي نشات فيه، وكذلك فإن التربية عندما تتناول التلاميذ بالتوجه والإرشاد فإنها لا بد أن تتناول ما يفضله المجتمع ويختاره من قيم فتستمد أهدافها من هذه القيم وتحدد الأنماط السلوكية التي تعمل على تخليقها عند الناشئين، (النجيحي).

لذلك فإن عوامل القيم تظهر في كل ما تتصدى له أي مؤسسة تربوية من قرارات أو تختاره من برامج ووسائل ليكون الأثر في توجيه سلوك التلاميذ واتجاهاتهم. وكذلك فإن القيم التربوية تعبر عما هو صواب وما هو خطأ في المجتمع كم تعبر عن المعتقدات وأنواع العلاقات في المجتمع فعند توجيه التلاميذ إلى أي جانب من جوانب الخبرة الانسانية، الإقتصادية العلمية السياسية الفنية فلا بد من تشجيع اتجاه معين، وحذف اتجاه آخر، ليتفق مع القيم المرغوبة عندها وعملية الحذف والاختيار هذه هي التي تضفي على التربية صبغتها الخلقية. (عفيفي،1972).

فتدخل القيم في كل نشاط تعلمي وتأثره فيه، فعند اختيار الأهداف التعليمية يضع المخطط البرنامج نصب عينيه نوعية القيم التي يسعى إلى تحقيقها، حيث أن محتوى أي برنامج تعليمي يعبر عن فكرة مجتمعه بأنه نافع وخير، وكذلك فإن إختيار المناهج والوسائل والمواد الدراسية من قبل المربين تقوم بالنظر إلى مدى تحقيقها للقيم المنشودة.

ومن أركان أي نظرية تربوية تقدير ما يتميز به المجتمع من قيم غريزة وما اكتشفه الإنسان من مبادىء خلقية وتعتبر القيم الخلقية من العوامل الأساسية في اكساب البرامج التربوية الفاعلية والتاثير في سلوك الناشئين. وكما قلنا سابقاً إن القيم عبارة عن معايير يتجه نحوها سلوك الأفراد فلا شك أن إيمان التلاميذ بالقيم وتقديرهم لها لا بد أن يخرج عملهم من الجمود إلى العمل والنشاط من أجل تحقيق الغرض القيمي من أي عمل يقومون به. (مرسي،1962).

علاقة الأخلاق بالقيم والأخلاق والشر والصح والخطأ: (زقزوق،1999).

إن الحاجة إلى البحوث الأخلاقية تفرض نفسها في الوقت الذي يبدأ فيه الناس في التشكك في لخلاق السائدة، وعندما يتسائلون عن أسس المطالب الخلقية، تلك المطالب التي تكون حتى ذلك الحين قد قبلت على أساس ديني أو على أساس

تقليدي بحت. فعلم الأخلاق يوضح لنا الحياة الخلقية، ويساعدنا على معرفة الغاية الأخيرة للحياة، ويبين لنا المقاييس الأخلاقي الذي نهتدي به في الحكم على الأعمال، وبعبارة أخرى فهو يفسر لنا معاني الخير والشر والصح والخطأ، ويوضح لنا الصورة المثلى التي ينبغي أن يتبعها الناس في معاملاتهم مع الآخرين، ويبين ما ينبغي أن يقصده الناس في أعمالهم من غايات. أن علم الأخلاق يبحث في أنواع الملكات الفاضلة التي ينبغي على الإنسان أن يتحلى بها ويمارسها في حياته العملية اليومية، وذلك مثل الصدق والاخلاص والأمانة والوفاء والعفة والشجاعة.......الخ، وكل ذلك يشكل قيم عند الإنسان. أن علم الأخلاق يبحث في المبادىء الكلية التي تستنبط منها الواجبات كالبحث عن حقيقة الخير. المطلق وفكرة الفضيلة من حيث هي. إن دراسة علم الأخلاق - دينياً كان أم فلسفياً - لها فائدة عظيمة في ترشيد السلوك الإنساني وتوجيهه نحو القيم الخلقية والمثل العليا على أساس من الفهم والوعي والإدراك. أن دراسة علم الأخلاق تقوي إرادة الإنسان على الخير وسلوك الطريق القويم وتنشيط العزيمة على المضي في سبيل الفضيلة والاهتداء بها في أعمالها.

إن دراسة الأخلاق تكسب صاحبها الدقة في تقدير الأعمال الأخلاقية ونقدها من غير أن يخضع في حكمه للعرف أو العادة أويتاثر في حكم الزمان أو المكان.

إن القيم تشكل معايير وضوابط السلوك، ذلك أن ما يعتبره الناس صحيحاً أو خطأ يؤثر في سلوكهم الأخلاقي ويلتزمون به.

إن هدف الأخلاق هو وضع مثل أعلى أمام الإنسان متمثلاً في قيم ومبادىء خلقية، ليسير على هديها ويهتدي بنورها.

سلم الخير والخير الأقصى: (زقزوق،1999).

هنالك تقسيمات عديدة أخرى للقيم كالكامنة والوسيلة مثل تصنيفها إلى عضوية "أي جسمية واقتصادية وترويحية:"وفوق العضوية" أي الشخصية

والعقلية والجمالية والدينية" أو تقسيمها إلى استبعادية واشتمالية أو دائمة وعابرة أو عليا ودنيا.

وهذا يشير إلى ترتيب القيم في سلم متدرج، ولا بد لهذا السلم من أن يكون هنالك في قمته قيمة عليا. وقد اشتهرت هذه القيمة العليا بأنها الخير الأسمى أو الأقصى ومن هنا يتوقف تحقيق الحياة الخيرة إلى حد معين على تنظيم كل القيم الأخرى في صلتها بهذا الخير الأخلاقي الأقصى.

خصائص الخير الأقصى:

هناك شروط للخير الأقصى أو خصائص تبين لنا ما ينبغي أن يكون عليه هذا الخير الأقصى بوصفه أقصى خير، وأرفع خير للحياة، وهذه الخصائص تتمثل فيما يلي:

1. ينبغي أن يكون خيراً كاملاً لا شك في ذاته وليس وسيلة لغيره.
2. ينبغي أن يكون شاملاً بحيث تندرج تحته كل أوجه نشاطنا بوصفها وسائل لتحقيقه.
3. ينبغي أن يكون ممكن التحقيق، ولو بصورة جزئية، حتى يكون وثيق الصلة بالحياة البشرية، ويكفي أن يشعر الناس بإمكان تحقيقه بما يكفي لتبرير تكريس الحياة من أجل بلوغ هذا الهدف. ومن ناحية أخرى ينبغي أن يكون من الممكن بناء خطة للحياة حول هذا الهدف الذي نجعله الخير الأقصى.

الوحدة الخامسة

وظيفة التربية الأخلاقية

"المسؤولية، الإلزام،الجزاء"

وظيفة التربية الأخلاقية

"المسؤولية، الإلزام، الجزاء"

المقدمة:

يقول سكوت بل "يبدو لي أن ساعة من الألم تتبعها من الألم ست ساعات من السرور، خير من ساعة من المتعه تتبعها ست ساعات من الألم، وأن تأجيل المتعه هو عملية تنظيم الآم الحياة ومسراتها بطريقة نحصل بها على السعادة من خلال تقبل الألم وخبراته أولاً ثم التغلب عليه بالسعادة، فهذه هي الطريقه الوحيدة للعيش بأمانه وصدق".

فالأخلاق هي لب المجتمع وهي العنصر الأساسي التي تحدد الحياة الاجتماعية فقد تتشابه بعض المجتمعات من حيث نظمها السياسية والاقتصادية، ولكنها تختلف من حيث النظم الاجتماعية والأخلاقيه وأيضاً تختلف درجات المسؤوليه والإلزام والجزاء من مجتمع لآخر والمسؤولية الإجتماعيه والجزاء والإلزام كانت، وما زالت تمثل جوهر التربية الأخلاقي ووظيفتها الأساسية حيث أن تربية الفرد أخلاقياً لا بد أن ينطوي عليه تنمية الحس الأخلاقي، والشعور بالمسؤولية الأخلاقية اتجاه كل موقف من مواقف الحياة بما يؤدي إلى الإلتزام من واقع الشعور بالمسؤولية حتى يتحقق الجزاء بالثواب، والعقاب المناسب لذلك الموقف وضمن درجة المسؤولية الملقاه على عاتق ذلك الانسان.

المسؤولية:

تثير هذه الكلمة مبدأ قديماً جداً يهيمن على الأخلاق النظرية، وعلى الأخلاق وقد نص عليه فيما سلف "أفلاطون" في نص شهير من الجمهورية: كل إنسان مسؤول عن مصيره، وهذا مثلاً ما يتضح من حكاية "الأرمني" الذي يروي "أفلاطون" مغامراته في الحياة الآخرة، وفي الكتاب العاشر من الجمهورية: كل امرئ

مسؤول عن اختياره والآلهة لا دخل لها..... الـلـه بريء، ونحن نكون قدرنا كله باختيار أنواع الحياة. (جاكلين).

ومع ذلك فإن إدراك المسؤولية ليس أمراً سهلاً، فنحن نقول عن بعض الناس أنهم فقدوا الشعور بالمسؤولية، ونقول عن آخرين: أن لديهم شعوراً جاداً بالمسؤولية، فالقول الأول ليس تماماً الصحة، لأن الصواب أن نقول أنه يحاول التهرب من المسؤولية أو أنه لا يريد أن يتحمل المسؤولية، لأننا لا نستطيع إن نتحلل من المسؤولية تماماً أو أن نفقدها. (خضير،1985).

ما معنى المسؤولية:

المسؤولية بمعناها العام هي كون الإنسان أهلاً لسؤاله عن نتائج عمله، فالطبيب مسؤول عن مرضاه، والحارس معرض لسؤاله عن ما يتعلق بمعرض عمله، وكل راع مسؤول عن رعيته. (زقزوق،1984).

تعريف المسؤولية:

ومن السؤال والحساب على الأعمال صيغت كلمة المسؤولية فهي تعرف بأنها: حالة المرء يكون فيها أهلاً للحكم عليه أو على عمله بالخيرية أو الشرية وبعبارة أوضح نستطيع أن نقول: أن اضطرار الإنسان لأن يقدم حساباً عن أعماله التي يأتيها بإرادته واختياره وإلى أن يتحمل عواقبها إن شراً، فشر، يعرف بالمسؤولية الأخلاقية أو التبعية.

أنواع المسؤولية:

1. المسؤولية الأخلاقية: وتتعلق بالأفعال التي يكون مسؤولاً عنها أمام ضميره، وأمام الـلـه، وتندرج فيها النوايا، أي الأفعال الباطنة.

2. المسؤولية الإجتماعية: وتتعلق بالمجتمعات التي تنتسب إليها أما بالطبع أو بالاختيار إذ نكون مسؤولين، أما رب الأسرة أو السلطة المكلفة بتوفير الصالح العام. وهذا النوع الثالث يكاد يكون هو التضامن الاجتماعي "إن التكامل الاجتماعي" شيئاً واحداً.

ويفرق جنكلسفتش بين المسؤولية عن الماضي ويسميها فعل الذنوب وبين المسؤولية عن المستقبل ويرى أن المسؤولية الحقيقية تدل على المستقبل أولي من أن تدل على الماضي، وإن المسؤولية مستقبلية، بينما فعل الذنوب ذو أثر رجعي والمسؤولية المستقبلية تجتذب وتنفث العزم بينما المسؤولية الرجعية تهبط كاهل الإنسان وترهقه، خصوصاً وهي تثار في أحوال الإخفاق. (بدوي).

3. المسؤولية المدنية: وتتعلق بالأفعال الظاهرة سواء منها ما تم، وما هو سبيل الحدوث، وتحدد هذه المسؤولية للقوانين الوضيعة الإنسانية لا وفقاً للقانون الأخلاقي، وأن اشتركاً في بعض الأمور، ولهذا فإن الكثير من الأفعال المحرم ارتكابها بحسب القانون الأخلاقي لا تندرج تحت طائلة المسؤولية القانونية، والعكس صحيح أيضاً. فكثير من الأفعال التي يحرمها القانون لا شأن لها بالأخلاق.

مراحل المسؤولية:

إن الحرية الواعية هي أساس المسؤولية الخلقية، وهذا يعني أن كل فعل يصدر لا حرية واعية لا تترتب عليه أية مسؤولية خلقية، والمسؤولية صفة تلازم صاحبها من قبل أن يبدأ الفعل إلى ما بعد انتهائه في مراحل متدرجة على النحو التالي: (زقزوق،1984).

المرحلة الأولى: مرحلة ما قبل الفعل، وهي مرحلة النداء الواجب للشخص، ومطالبته له بالعمل والمسؤولية هنا تنظر إلى المستقبل فهي مسؤولية تكليف ومطالبة.

المرحلة الثانية: مرحلة الإجابة لهذا لنداء بالإيجاب أو بالسلب.

المرحلة الثالثة: المحاسبة والتقدير لقيمة هذه الإجابة. وتأتي هذه المرحلة بعد الفعل والمسؤولية هنا تلفت إلى الماضي فيه مسؤولية استجواب ومحاسبة.

والإلزام الأدبي الذي ينطوي عليه نداء الواجب للشخص ومطالبته له بالعمل يعني أن ذلك الشخص الذي يوجه إليه النداء له شخصيته المستقلة، وله حريته في القبول أو الرفض وله قدرته على تنفيذ ما استقرت عليه إرادته، والمسؤولية بهذا المعنى صفة تشريف لأنها مرادفة لمعاني الحرية والاستقلال والكرامة والقوة.

شروطها:

للتبعية الأخلاقية شروط إذا توافرت في المرء حقت مؤاخذته على عمله وفي مقدمة هذه الشروط:

1. القدرة على التمييز بين الخير والشر: تمييزاً واضحاً أو الشعور الكامل بما يجب أن يعمل فالطفل الصغير الذي يكسر شيئاً ثميناً، لا نعتبره مسؤولا عن عمله هذا لأنه لا يشعر بالواجب عليه.

2. العلم، كذلك لا يلام امرؤ على عمل أتاه وهو جاهل به وإنما يلام من يعمله إذا كان عالماً بحقيقة ما يعقبه من نتائج الشر والأذى، فالصيدلي إذا أخطأ فأعطى الممرضة دواء غير الدواء المكتوب في تذكرة الطبيب فناولته للمريض وهي جاهلة فمات منه كان المسؤول هو الصيدلي لا الممرضة لأنها لا تعلم ما في الدواء، كما لا تعلم أن الصيدلي أخطأ في تركيبه.

3. الإرادة: وهي من أهم شروط المسؤولية بل من أهم عناصرها، ونعني بها أن يفعل الإنسان ما يفعله بحرية واختيار، فلو أن إنساناً أكره على ارتكاب جريمة كان المسؤول الآثم حقيقة هو الشخص الذي أجبره على ارتكاب هذه الجريمة.

4. النية والقصد: فإن قيمة العمل إنما تقدر بحسب نية فاعلة وقصده لا بحسب العمل ذاته فإنما الأعمال بالنيات، وإنما لكل امرئ ما نوى، فإذا أعطيت إنسان صدقة، وأنفقها في ارتكاب جريمة، فالمتصدق غير مسؤول عن الجريمة.
5. الشعور بشريعة خلقية، وقانون أدبي وتخضع له النفس، وهذا متمم للشروط السابقة، لأننا لو فرضنا وجود إنسان يعيش بمعزل عن الجمعية الإنسانية ولم يعرف شيئاً عن قوانين الأخلاق فإنه أهلاً للمسؤولية مهما كان مدركاً عمله، والنتائج التي تنجم عنه، ومهما كان حر الاختيار لأنه مثل هذا الشخص تستوي عنده الأعمال خيرها وشرها، فتكون معرفته تمييزه، وحريته أموراً لها من الناحية الأدبية وله حينئذ أن يصنع ما يشاء.

سمو المسؤولية الأخلاقية: المسؤولية الأخلاقية تسمو على المسؤولية القانونية، سمو القانون الوضعي، حيث يقضي القانون الوضعي وضع الدين إلى الدائن كاملاً في الموعد المحدد لكنَّ القانون الأخلاقي يدعو الدائن إلى محاسبة المدين وتأخير الدفع وربما التنازل عن بعض الدين (خضير، 1985).

المسؤولية والحرية: وبرجع السبب في إنكار الالتزامات الإنسانية من جانب كثير من الناس - أو على الأقل اعتبارها إلتزامات خارجية بحتة مفروضة من الخارج - إلى أن المسؤولية مثل كل شيء آخر يتعلق بالأخلاق متصلة أوثق الصلة بالحرية الإنسانية.

وهناك من ينكر أهمية الحرية، وبذلك يرفض تحمل مسؤولية تصرفاته، ويمثل ذلك اتجاه الجبرية في الاسلام. ويصدر كلري ياسيرز هذا الموقف المناقض من خلال المثال التالي: "عندما وقف المتهم يدافع عن براءته أمام المحكمة قائلاً: أنه ولد باستعدادات أردته إلى الشر وأنه ما دام لم يستطيع إن فعل خلاف ما فعل فلا ينبغي أن يعتبر مسؤولاً. إجابه القاضي متهكماً: إن عين السبب يبرر سلوك القاضي، فإنه لا يستطيع أن يفعل شيئاً غير إدانته من حيث كونه مجبراً في هذا بالعمل طبقاً للقوانين.

ونحن وإن كنا لا نستطيع أن نبرهن على الحرية بطريقة منطقية بحته بوسائل العلوم التجريبية، إلا أننا من ناحية أخرى نجد أن كل إنسان عاقل لا يستطيع أن ينكر شيئاً اسمه الحرية، لأن مثل هذا الإنسان العاقل الذي هو على وعي بضرورة المجتمع الإنساني، يعرف في الوقت نفسه إن هنالك مطالب خلقيه موجهة إليه من المجتمع الذي يعيش فيه. والإنسان يكون على وعي بحريته عندما يمارسها وممارسته لهذه الحرية في علاقته مع الآخرين تتمثل في أشكال مختلفة يمكن إرجاعها إلى ثلاث صور رئيسية هي:

الصورة الأولى: هي محاولة إشباع هذه الحرية بلا حدود ولو على حساب الآخرين وذلك يتمثل في أن يكون الدافع الرئيسي للسلوك البشري كله هو الأنانية، وطبقاً لذلك فإن الإنسان يسعى لأن يخضع الآخر ويستخدمه ويستعبده في سبيل مصلحته الشخصية. وبذلك ترجع كل المبادىء الخلقية إلى هذا المبدأ الذي يحيل الإنسان إلى مجرد كائن طبيعي، مثله مثل الحيوان.

الصورة الثانية: وهي على النقيض من الصورة الأولى وتتمثل في أن يكون الدافع الرئيسي للسلوك الإنساني هو الغيرة ويسمى الاتجاه الغيري. وإذا كانت الأنانية تستند إلى دافع المحافظة على الذات كما ذكرنا، فإن الغيرية تستند على التعاطف مع الآخرين والرغبة في التضحية بالذات من أجل الآخرين.

الصورة الثالثة: وهي مزيج من الصورتين السابقتين تجمعها في وحدة واحدة وتعتلي بهما، فالإنسان يمكن أن يحقق وجوده الإنساني إذا ما اعتبر الآخر وعامله على أنه إنسان حر كائن، وعلى ذلك تكون العلاقة الإنسانية هي علاقة مجتمع يتكون من موجودات حرة يتنازل كل منهم على قدر حريته في سبيل قيام المجتمع الإنساني الذي يحقق الخير الأخلاقي.

وهكذا نلاحظ أنه لا قيام للأخلاق بدون التوافق بين خير الإنسان وغيره، أي لكل فرد من أن يقيم نوعاً من التوازن بين مطلبي تحقيق الذات والتضحية بالذات ولا تتعدى حريته هذا الإطار. (زقزوق،1984).

درجات المسؤولية:

المسؤولية ليست ثابتاً محدود المقدار بل تختلف درجاتها باختلاف الأشخاص واختلاف ملابسات العمل فالأحوال التي يشق على الإنسان فيها التمييز بين الخير والشر أو تكون حريته مقيدة إلى حد قريب أو بعيد أو عمله بها غير كاف، أو أرادته مشلولة بسبب ما مثل هذه الأحوال تخفف من مقدار التبعة التي تقع عليه بمقدار تميزه أو حريته أو علمه وجهله كما ذكر سابقاً في شروط المسؤولية. (خضير، 1985).

بالإضافة إلى هذه المسؤوليات الخارجية التي تحددها ظروف كل فرد في الحياة ومركزه في المجتمع، الذي يعيش فيه توجد هنالك مسؤولية خاصة شخصية تعد بمثابة المركز لكل دائرة من دوائر المسؤوليات الأخرى.

وهكذا نفهم المسؤولية على معنيين:

1. مسؤولية الإنسان عن نفسه فهو مسؤول عن عقله وقلبه وعلمه وجسمه وماله وأوقاته وعن حياته بصفة عامة.

2. مسؤولية الإنسان نحو الآخرين: وكل إنسان سليم العقل يشعر بأنه لو يتحمل مسؤوليته تجاه الآخرين فإنه لا يجوز له أن ينتظر من الآخرين أن يتحملوا بالنسبة له أية مسؤولية فلو لم أعدل في حق الآخرين فإنه لا يجوز لي أن أنتظر منهم أن يعدلوا في حقي، والإنسان الذي يتنكر لإلتزاماته الخلقية تجاه الآخرين هو إنسان يعزل نفسه عن المشاركة الإنسانية، ونظراً إلى أن الإنسان بطبعه كائن إجتماعي محتاج إلى المجتمع الإنساني فإن هذه الحالة بالنسبة له مميتة، ولهذا يبدو أمراً غريباً وموقفاً متناقضاً عندما يتنكر المرء لهذه المسؤولية ويحاول التهرب منها (زقزوق) وعلى هذا نستطيع أن نقول أن فقد شرط من الشروط المسؤولة يجعل الإنسان غير مسؤول خلقياً أو غير تام المسؤولية.

الإلزام الخلقي:

تعريف الإلزام: يعرفه "عبد الـلـه دراز" بأنه: "القاعدة الأساسية، والمدار والعنصر النووي الذي يدور حوله كل النظام الأخلاقي، الذي يؤدي فقده إلى سحق جوهر الحكمه العملية ذاته، وخفاء ماهيتها، ذلك أنه إذا لم يعد هناك الزام فلن تكون هناك مسؤولية، وذا عدمت المسؤولية فلا يمكن أن تعود العدالة وحينئذ تتفشى الفوضى، ويفسد النظام، وتعم الهمجيه، ولا في مجال الواقع فحسب بل في مجال القانون أيضاً، وطبقاً لما يسمى بالمبدأ الأخلاقي".

بماذا تمتاز الالزام الاخلاقي؟

1. الإلزام هو الأداة التي تؤدي إلى تماسك المجتمع، وحفظ النظام، ذلك لأنه يعتبر الأساس والركيزة الصلبة التي ترتكز عليها الأخلاق.
2. الإلزام مرتبط بالمسؤولية، فمتى كان الفرد غير ملزم، لا يمكن أن يكون مسؤولاً عما يفعله وبهذا يصبح الحياة فوضى، لأنه إذا فقدت المسؤولية لا يمكن أن تنتشر العدالة بين الأفراد أو لأن تطبق العدالة يحتاج إلى نظام أو قاعدة يتم تطبيق العدالة وفقاً لها، بحيث تكون ملزمة للأفراد.
3. الإلزام يعني القوة أو الشعور أو الإحساس بضرورة احترام هذا الشيء أو المصدر الذي اقتضى إلزامه.
4. الإلزام رباط أو أداة تجبر الفرد على طاعتها وعدم عصيانها.

الفرق بين الإلزام والإلتزام:إلزام يفرض على الإنسان من الخارج، بينما الإلتزام ذاتي داخلي ومن قام بعمل وفق المبدأ الأول "الإلزام" فهو مطيع لهذه السلطة التي ألزمته، وقد تكون هذه السلطة مجتمعاً أو قانوناً، ولكن عمله يوصف بأنه غير أخلاقي وممن قام بعمل وفق المبدأ الثاني "الإلتزام" أطاع ذاته وأرضى ضميره ويعد عمله أخلاقياً. (القماطي،1991).

مصادر الإلزام:

للإلزام مصادر متعددة، ومتنوعة، قد يكون صادر عن الشعور الديني، أو أنه قد يكون من نتائج المجتمع أي من العرف والعادات والتقاليد الاجتماعية، أو يكون نابع من القانون أو من السلطة السياسية أو هو نابع من الذات، أي من الضمير ولكن يرجع اختلاف المصدر إلى اختلاف الجهة التي تلزم به على النحو التالي:

عند المسلمين وتتمثل في مصادر أربعة:

1. القرآن: هو أول مصدر للشريعة الإسلامية يلزم الأفراد طاعته واحترامه لأنه يعني كلام الـلـه ويجب احترامه والخضوع لأوامره.
2. السنة: هي المصدر الثاني بعد القرآن، فعلى الإنسان المؤمن أن يلتزم بأقوال الرسول عليه السلام وأفعاله، وذلك أن طاعة الرسول من طاعة الـلـه، قال تعالى: "من يطع الرسول فقد أطاع الـلـه". النساء: 80.
3. الإجماع: الذي قام بدراسته وتأسيس أفكاره علماء ومفكرون وضعوا أحكاماً يلزم بها الأفراد، فإن هذه الأحكام التي أصدروها إنما وصلوا إليها من دراسة القرآن الكريم والسنة النبوية.
4. القياس: أي قياس حالة أو ظرف جديد لم يكن قد سبق حدوثه من قبل فيقيس الفقهاء والعلماء من تعاليم القرآن والسنة، ما يماثل هذه الحالة ليصدورا عليها الحكم المناسب الذي يلزم باحترامه.

المصادر الثلاثة الخيرة - السنة والإجماع والقياس - ترجع إلى مصدرها الأصلي الأول وهو الـلـه أي السلطة الإلهية التي تلزمنا القيام بأعمال الخير والمعروف والابتعاد عن الشر ولكن هذه السلطة لا تجبر الإنسان على أن يفعل هذا أو ذلك بل بينته بطريقتين في قوله تعالى: "وهديناه النجدين"، البلد:10، وكل أمر صادر من الـلـه ألحقه بما يصدر عن هذا الأمر من قيمة أخلاقية ترفع من مستوى الإنسان وتحي فيه مبدأ الإلتزام يكون بمقتضاه قانعاً وراضياً تماماً بما يفعل. لذا بعد أن بين

الـلـه للإنسان طريق الخير والشر يبقى العقل هو المصدر الذي يمكن من خلاله معرفة الطريق السليم.

وهكذا يتضح أن مصدر الإلزام في الإسلام هو العقل، لكن هذا العقل يعد قاصراً على أن يقدم شرعاً تتوفر فيه - في وقت واحد - صفات حسية، والكمال، والشمول، ولهذا وجب وجود سلطة أخرى بجوار العقل ترشد الإنسان إلى الحق والصواب، وهذه السلطة هي المصادر الأربعة السابقة.

مصدر الإلزام عند كانت:

الإلزام يعني أن على كل فرد أن يقوم بواجبه وبما يراه حقاً مستهدياً في ذلك بما يمليه عليه ضميره وطبقاً لمبدأ الواجب كما يقول "كانت" حيث تبين أن مصدر الإلزام أو الواجب هو العقل.

والإرادة الطيبة أو المستقلة عن العالم الحسي هي التي تخضع للواجب ذاته، أي تعمل وفقاً للواجب الناتج عن احترام القانون الأخلاقي، فالواجب غاية في ذاته وليس ما يقدمه من نتائج، والإرادة الطيبة لا تنطلق من العاطفة والميول الشخصية، لذلك لأن أي فعل لا يكون مطابقاً للواجب أو انطلاقاً منه فإنه لا يكون أخلاقياً ولا يكون ناتجاً عن إرادة طيبة.

إن الارادة الطيبة تستمد من العالم العقلي المجرد الخالص، بهذا أرجع "كانت" الإلزام إلى العقل، وهذا ما يجب أن يكون حينما يفعل الإنسان أي فعل وغير القاعدة الأخلاقية بما يمليه عليه عقله وحسب الواقع ودون ضغط.

مصدر الإلزام عند "برجسون" و "دوركايم":

عندهم أن المجتمع هو مصدر الإلزام الخلقي، وأن المجتمع هو الذي يرسم للفرد منهاج حياته اليومية، والمرء في حياته مع أسرته، وفي مزاولته مهنته ما هو إلا

توافق مع القاعدة المرسومة في المجتمع. لذا إن كل فعل يقوم به الانسان مهما كان هذا الفعل خاصاً به، يكون المجتمع هو الذي حدده له. وبناء على ذلك تكون قواعد الأخلاق مفروضة وملزمة للفرد باتباعها، والسير على نهجها، فالمجتمع هو تلك القوة الظاهرة التي تضغط على الأفراد أن يتبعوا طريقاً معينه لا يملكون غيرها، وهذا لا ينطبق حسب رأي برجسون إلا على عامة الناس.

ويرى دور كايم أن الإلزام الخلقي يصدر عن المجتمع الذي يعتبره القوة الخلقية، كما أنه مصدر كل القيم والمبادىء والقواعد الأخلاقية التي يتناقلها الأفراد فيما بينهم عن طريق التربية، فكل قاعدة وكل نهج يسلكه الإنسان ليس إلا تعبيراً عن إرادة المجتمع فالظاهرة الإجتماعية عند دور كايم من نتاج الجماعة أو العقل الجمعي وتتميز بالقهر والإلزام.

ويساند "وليم جيمس" برجسون" و "دور كايم"في أن مصدر الإلزام عنده هو المجتمع لكن بتلر يرى أن مصدر الإلزام هو الضمير العام الذي يفعل الخير لاقتناعه بأنه الخير، ويبتعد عن الشر لاقتناعه بأنه ضار.

علاقة الإلزام بالعرف والدين:

قد يربط الإلزام بالدين أو بالعرف أو بالإثنين معاً، لكن إن الدين لا يكون مصدراً فعالاً للَّزام الأخلاقي إلا إذا توافر الإيمان الذاتي الذي يحول الإلزام إلى إلتزام، وأيضاً خروج الأفراد عن الإلزام الاجتماعي قد يعرضهم للسخرية والازدراء من قبل المجتمع.

إن السلوك لا يكون أخلاقياً إلا إذا انبعث عن الواجب أو عن الإحترام للقانون الأخلاقي ذاته، وينتج عن ذلك أيضاً أن الخضوع للتقاليد أو العادات وإلى تجارب الماضي مهما بلغ سموها لا يضفي على السلوك صفة الخلقية وحينئذ لا يمكن أن تصور الأخلاق أو تستمد من التبعية للسلطة. (القماطي،1991).

الجزاء:

إن كل تشريع أو قانون لا بد له من وازع يكفل له النفاذ، وإلا كان عقيماً عديم الجدوى، فالشرائع الوضعية تسن العقوبات الرادعة لمن يتجاوز حدودها، ولا يزال السجن والجلد والنفي والقتل جزاء رادعاً يرهب من لا يرهبه سلطة الضمير، وسلطان الدين وقد بينت الشرائع السماوية جزاء من يطيعون سلطانها وجزاء من يعصون. وشريعة الأخلاق وقانونهاالذي نشعر به في أعماقنا ومن ورائه سلطة الضمير الذي يثيبنا الرضا عند عمل الفضيلة ويعاقبنا بالندامة والألم عند مقارفة الرذيلة، تلك المظاهر تقتضي أن يتحمل المرء عواقب عمله، فينبغي أن يكون الجزاء خيراً لمن أحسن السلوك وشراً لمن أساءه.

تعريف الجزاء: نستطيع أن نستخلص مما سبق تعريف الجزاء بأنه: "مثوبة على عمل الخير، أو عقوبة على عمل الشر".

ولابد لكل قانون، وضعياً كان أم دينياً، أو أخلاقياً....الخ أن يكون كفيلاً بإثابة المطيع، وعقاب المخالف، ولو جردناه من ذلك فإنه لا يصلح أن يكون قانوناً، فالعقاب هي نتيجة لازمه لتحمل المرء تبعه عمله.

أنواع الجزاء:

الجزاء خمسة أنواع، طبيعي، سياسي، اجتماعي، أخروي، أخلاقي.

1. الجزاء الطبيعي: يشمل ما يجره انتهاك القوانين الطبيعية من آلام للجسم والعقل وما يعقبه احترامها من استمتاع بالصحة والسعادة كمن يأكل الخضروات غير النظيفة أو من يفرط في السهر والترف أو الأكل والشرب أو يستسلم للغضب والحقد والانتقام، ومن يخالط المريض بمرض معد، فكل أولئك قد عرضوا أنفسهم للجزاء المؤلم.

2. الجزاء السياسي: "المدني وشمل الآلام التي يجرها التعدي على قوانين البلاد ولوائحها كالسجن والأشغال الشاقة والتغريم لمن يلجأ إلى السرقة، ولحسن السمعة والتمتع بالحرية والنجاح في العمل لمن يحرص على قوانين البلاد ويلتزم حدودها. (خضير،1985).
3. الجزاء الإجتماعي: ويتوقف على الرأي العام والعرف، فالرأي العام يقدر الفضل ويمدح الفضيلة، كالتضحية والكرم والاستمساك بالمبدأ وقول الحق والشجاعة وأداء الأعمال بإتقان. ويمنح ذا الفضل الثقة به والاعتقاد عليه، في حين أنه يحتقر الرذيلة من جبن وإحجام عن إعانة المحتاج ويبخل بالمال على ما يفيد الجماعة ويخفف ما يحيق بهم من بؤس وضنك ولقد بلغ من أثر الرأي العام واحترامه أن يرى كثير من المتعلمين، يخشون الرأي العام أشد خشية على حين لا يبالون بدين أو شريعه خلقية، بل قد تجد من لا يصوم رمضان إلا مجاراة للرأي العام، لأن من لا يصومه يجازي بعقاب صارم من الإحتقار والازدراء.
4. الجزاء الأخروي: وهو ما أعده الـلـه سبحانه وتعالى في الآخرة للمحسنين من نعيم مقيم وللمجرمين من عذاب أليم.
5. الجزاء الخلقي: وهو ما نشعر به من راحة الضمير وغبطة عند عمل الخير وقلق وتأتيب لنا عند عمل الشر. فالذي يرتكب الإثم ويقع في المحظور بعد أن كشف عقله عن مضرته، وحذره ضميره من مغبته يكون الندم، وتعنيف الضمير وقد يكون ذلك أشد إيلاماً من أية عقوبة أخرى، أما الذي يفعل الخير فجزاؤه أن يتمتع براحة الضمير ويظفر باغتباط نفساني قد لا تدانيه ثمرة أخرى، فخير جزاء للعمل الصالح هو راحة الضمير، ورضا الإنسان عن عمله بل أن جزاء الخير هو الخير ذاته وجزاء الفضيلة هو الفضيلة ذاتها.

ويلاحظ على هذه الأنواع عدا الجزاء الخلقي أمور كثيرة، أهمها أنها خارجة عن ذات الإنسان ونفسه فإن الذي يمتنع عن اقتراف الشر وارتكاب الجرائم حذرا من عقاب القانون، أو حرصاً على صحته أو خوفاً من احتقار من يراه لم يفعل

لأن الشر شر وليس لأن أخلاقه تأبى عليه مقارفة الإثم واجتراح الذنوب. بل لأنه يخشى نتائجه على نفسه، أما الجزاء الخلقي فإنه نابع من ذاتنا في غير حاجة إلى خارج نفوسنا، فالرجل الأخلاقي يفعل ما يفعله من ضمير فلا يفعل الخير إلا لأنه خير في ذاته ولا دافع له إلا راحة الضمير. (خضير،1985).

أثر الجزاء الخلقي:

إن الألم الخلقي الذي يفرضه علينا الضمير هو دفاع تقوم به الحياة النفسية ضد سائر ضربات الشر، وقد يكون من المهم أن نعمل على تقلبه والاستفادة منه دون الخضوع والاستسلام له، ولا نجعل منه مجرد شبح يسدُ أمامنا الطريق، بل علينا أن نتقبله، ونتمثله ليصبح الألم المتولد عنه أداة تطهير وتقنية، فإن القدرة على التألم هي في حد ذاتها أمارة لهيبة، وليس أروع في الحياة من الغبطة التي نستشعرها بعد أن نكون قد أدينا عملاً شاقاً أليماً، واللذة التي نحسها بعد قيامنا بتضحية غالية الثمن، أو السرور الذي يملأ قلوبنا حينما نكون قد نجحنا في مقاومة أهوائنا والانتصار على شهواتنا.

المسؤولية والجزاء في الإسلام:

لقد خلق الـلـه سبحانه وتعالى الإنسان، وحمله مسؤلية كيانه كله ، فجعله مسؤولاً عن بدنه، حفاظاً ودعماً، أو ضياعاً وتلفاً، وعن نفسه صلابة وثباتاً، أو تهدماً وانهيار، وعن عمله: طاعته والتزامه أو معصية ومخالفة ثم عن خلقه: حسناً أو سوءاً وعن سلوكه: استواء أو انحراف إنه أمير ذاته والمسؤول عن كيانه كله، والقائد لسفينتنا، والبصير عليها والحسيب على جميع تصرفاتها، فإذا ضبطها على الحق فاز وغنم، وإلا اختل أمرها فضل وغوى وفسق عن أمر ربه، وحينئذ لا يجديه اعتذار ولا يفنيها اختلاق.(خضير،1985).

دور المسؤولية والإلزام والجزاء في التربية الأخلاقية:

1. المسؤولية والإلزام والجزاء مفاهيم مترادفة مترابطة متماسكة تشكل أساس ومحور في التربية الأخلاقية. لأن كل إنسان مسؤول وملزم بما يعمله وعليه الجزاء بما لا يعمل.
2. التربية الأخلاقية يجب أن تكون مبنية على تكريس مبادئها منذ الطفولة حتى تصبح ركائز أساسية يتعلمها ويتشربها الطفل وتصبح جزءاً من معتقداته وأسلوبه في الحياة وبالتالي يصبح مسؤول أمام الـلـه وأمام الآخرين وتصبح ملزمة خاصة إذا كان إيجابية لا يستطيع أن يخل بأي مبدأ من قواعدها وفي حالة عدم تقيده بها يعرض له الجزاء والعقوبة وإذا لم تكن خارجيه تكون جزاء ذاتي متمثل في الضمير خاصة وإنها أصبحت جزء من ذاته ومن قيمة النبيلة ومنظومة من منظوماته القيمية.
3. تتطلب مفاهيم المسؤولية والإلزام والجزاء الإلتزام وتقيد وبالتالي الترتيب المنطقي لها بدءاً من المسؤولية ومن الإلزام وأخيرا الجزاء الذي يتضمن بعدين، بعد إيجابي وهو الفوز نتيجة تقيده بالأنظمة والقواعد الأخلاقية والفضائل الكريمة وبعد سلبي يتضمن العقاب الدنيوي والأخروي.
4. كل إنسان سليم العقل يشعر بأنه لو لم يتحمل مسؤولية تجاه الآخرين، فإنه لايجوز له أن ينتظر من الآخرين أن يتحملوا بالنسبة له أية مسؤولية، فلو لم أعدل في حق الآخرين فإنه لا يجوز لي أن أنتظر منهم أن يعدلوا في حقي.
5. التنكر للمسؤولية الخلقية والإلتزام يؤدي إلى وقوع الجزاء على الشخص سواء كان الجزاء قانونياً أم اجتماعياً.
6. الإنسان الذي يتنكر لالتزاماته الخلقيه اتجاه الآخرين فإنه يعزل نفسه عند المشاركة الإنسانية، ويعرض نفسه للسخرية والازدراء من المجتمع.
7. إن التزام الشخص أمام مسؤولياته - سواء في المهنة أم المجتمع أم الواقع الذي يعيشه - يجب أن يكون نابع من وازع داخلي وهو الضمير.

8. الإلزام مرتبط بالمسؤولية، فمتى كان الفرد غير ملزم، لا يمكن أن يكون مسؤولاً عما يفعله وبهذا تصبح الحياة فوضى، لأنه إذا فقدت المسؤولية لا يمكن أن تنتشر العدالة بين الأفراد، لأن تطبيق العدالة يحتاج إلى نظام أو قاعده يتم تطبيق العدالة وفقاً لها بحيث تكون ملزماً للأفراد.

9. إن فقدان الشعور بالمسؤولية يؤدي إلى اختلاف النظام الإجتماعي المتمثل بانتشار الفساد سواء كان إداري أم مالي أم اجتماعي والإهدار في الموارد العامة للمجتمع.

الوحدة السادسة

دور الأسرة في

غرس الحس الأخلاقي

للأفراد والمجتمع

دور الأسرة في غرس الحس الأخلاقي للأفراد والمجتمع

المقدمة:

لاتستقم الحياة الإنسانية، ولا تستمر للمجتمعات البشرية بقاء ولا وجود بغير أخلاق، إذ لو سادت في الحياة الاجتماعية الخيانة والرشوة والفاحشة والكذب والظلم. فكيف تستقم حياة الجماعة والحالة هذه؟

لذلك بعث اللـه الرسول الكريم ليعلن على الناس كافة قال رسول الللہ "صلى اللـه عليه وسلم" إنما بعثت لأتمم مكارم الأخلاق.

وإذا كانت التربية الأخلاقية تهدف إلى بناء شخصية خلقية كاملة فإن خطورة هذا الهدف تظهر في تربية الأطفال وهم صغار. لأن بناء الشخصية ينبغي أن يبدأ مع بناء الجسم واللحم.

لذا سنقوم بدراسة دور الأسرة في تنمية الحس الأخلاقي للأفراد والمجتمع.

تعريف الأسرة:

عرفها murdock "جماعة اجتماعية تتميز بمكان إقامة مشترك وتعاون اقتصادي ووظيفة تكاثرية، ويوجد بين اثنين من أعضائه على الأقل علاقة جنسية يعترف بها المجتمع وتتكون الأسرة في الأقل من ذكر بالغ وأنثى بالغة وطفل سواء كان من نسلهما أو عن طريق التبني".

وعرفهما burgass and lock بأنها "مجموعة من أشخاص يرتبطون معاً بروابط الزواج أو الدم أو التبني، ويعيشون تحت سقف واحد ويتفاعلون معاً وفقاً لأدوار اجتماعية محددة ويخلقون ويحافظون على نمط ثقافي عام. (الخشاب).

خصائص الأسرة:

1. هي أبسط أشكال التجمع.
2. توجد في أشكال مختلفة في كل المجتمعات والأزمنة.
3. هي النظام الذي يؤمن وسائل المعيشة لأفراده.
4. أول وسط اجتماعي يحيط بالطفل.
5. الأسرة نظام اجتماعي تؤثر في النظم الإجتماعية الأخرى وتتأثر بها. (الخشاب،2000).

أولاً: مبادئ التربية الأخلاقية:

هناك مبادىء في التربية لا بد من قيام الآباء بتطبيقها وهي:

1. بث روح الثقة في نفس الطفل، الثقة بنفسه وبغيره، والثقة بأن الإنسان صانع سلوكه، ويستطيع تغييره وتبديله إذا شاء.
2. بث روح الحب والتعاطف بين الطفل وبين أفراد الأسرة من جهة، وبين الناس من جهة أخرى.
3. تكوين شعور لدى الطفل بأن المبادئ الخلقية نابعة من داخل الإنسان.
4. إن التربية الأخلاقية لا تتم ولا تقوم لها قائمة بدون تربية قوة الإرادة لدى الطفل. إذ لا يستطيع الإنسان أن يكون له موقف في الحياة يليق بمكانته في الوجود بدون أن يملك قوة الإرادة. (الجوهري).

ثانياً: طرق التربية الأخلاقية:

1. القدوة الحسنة: يتميز الطفل بقدوة فائقة على التقليد والمحاكاة فينبغي على الآباء أن يكونوا قدوة حسنة يحاكيها الأطفال حيث تتعلم الأطفال من المرحلة الأولى من حياتهم سلوكهم عن طريق تسجيلهم لكل ما يرونه من سلوك الوالدين وما يلاحظونه من تحركاتهم.

2. تقديم الحقائق الموضوعية عن المباديء الخلقية، بالاعتماد على الإقتناع النظري كالأطفال والنتائج العلمية، والحقائق التاريخية في عواقب الانحراف ومضار سوء الخلق.

3. طريقة الممارسة والتدريب العملي بإتاحة الفرصة والمواقف الأخلاقية التي يختار فيها الأطفال تطبيق مباديء خلقية معينه. (الجوهري).

ثالثاً مراتب التربية الأخلاقية:

1. تبدأ بتحديد الصورة الأخلاقية في ذهن الأطفال.

2. بث الوعي بالمبادئ والصور الأخلاقية على أساس المعايير العقلية للسلوك الأخلاقي.

3. تنتهي بخلق الشعور العاطفي والانسجام بين المباديء الخلقية وبين الجانب النظري من جهة وبين التطبيق العملي من جهة أخرى. (الجوهري),

رابعاً: مسؤولية الأسرة تجاه الأبناء:

من المسؤوليات الكبرى التي تقع على عاتق الأسرة تجاه الأبناء: التربية الإيمانية والخلقية والجسمية والعقلية والنفسية والإجتماعية والجنسية.

فالتربية الأخلاقية تقوم على تربية الأولاد على الصدق والأمانه والإيثار ومحبة الآخرين، وتنزيه ألسنتهم عن السباب، والابتعاد عن قرناء السوء، والابتعاد عن ظاهرة الميوعه والانحلال. (عبدالله،1996).

خامساً: التربية الخلقية للطفل تبدأ من المهد:

الحاجة إلى المحبة من حاجات الطفل الأساسية لذا ينبغ أن يظهر الوالدان حبهما واهتمامها بالرضيع، ويجب أن يعرف الوالدان أن الرضيع الذي يفقد الإحساس بحب والديه ينمو لديه استعداد للحقد وكراهية الآخرين، ومعظم

الطغاة الذين يتلذذون بتعذيب الآخرين حرموا من حنان الوالدين في طفولتهم. لذا فإن حب الوالدين للطفل وحنانهم عليه يشبع لديه عدة حاجات منها الحاجة إلى المحبة، والحاجة إلى الأمن والحاجة إلى تقدير الذات ومن نعم الـلـه أنه جعل الحنان غريزة عند الوالدين، وينحدر الوالدين من إظهار الكراهية لأطفالهم أو التعبير عنها بأي شكل كان، فالطفل الذي يرى امتعاض والديه منه يفقد آماله في الحياة. (الشنتوت).

سادساً: الأساس الأول لتربية الخلقيّة:

والأساس الأول للتربية الخلقية لدى الإنسان هو تربية الإرادة التي تكبح الشهوات وتنزه النفس، وهذه الإرادة تظهر عند الرضيع بما نسميه "الضبط" وهو بذرة موجودة في فطرة الطفل وعلى الوالدين تنميتها. وكما يقول محمد قطب "ليس الطفل صفحة بيضاء كما يقال، بل كائن فطرت فيه خطوات متقابلة باهتة لم تتميز بعد، ولكنها ستتميز لا محالة، إما على صورتها الموروثة بغير تعديل وإما على صورة معدلة وكالتجربة يخوضها الطفل تحفر خطأ في هذه الثمرة قال تعالى (وَنَفْسٍ وَمَا سَوَّاهَا (7) فَأَلْهَمَهَا فُجُورَهَا وَتَقْوَاهَا (8) قَدْ أَفْلَحَ مَنْ زَكَّاهَا (9) وَقَدْ خَابَ مَنْ دَسَّاهَا (10)) . (قطب).

ويضيف الشنتوت أن الإنسان يولد بخطوط باهتة متقابلة الحب والكره الفرد والجماعة، الخوف والرجاء، ولكل خط توازيه المطلوب فالإنسان يجب أن يخاف. ممن؟ من الـلـه فقط. وهذا هو الخوف الذي فطر عليه الإنسان ويجب أن ينمي فيه. وأما غيره كالخوف من الفقر أو الناس فهو انحراف للفطرة.

والضبط فطرة موروثة إذا زادات عن حدها أصبحت "تزمتاً" وإذا نقصت عن حدها صارت "فوضى" وتنميتها حسب قدرها هو التربية الخلقية السليمة. (الشنتوت).

سابعاً: مراحل تنمية الضبط في المهد:

1. ترضع الأم طفلها في أوقات محددة ولا ترضعه كلما بكى، وإرضاعه كلما بكى فيه ضرر كبيرلأنه فيه تعطل لنمو الضبط لديه بشكل صحيح.
2. تعوده على إخراج الفضلات في أوقات محددة وطريقة محددة يعتاد عليها الرضيع بعد عدة أشهر من ميلاده. والحب والحنان من جهة والضبط من الجهةالثانية خطان متقابلان في النفس البشرية ينبغي تنميتها معا. وفي المهد أساس متين لتفتحهما متوازيين وإرساء قواعد التربية الخلقية فوقهما، لذا وجب على الأب والأم مراعاتهما. (الشنتوت).

ثامناً: وسائل التربية الخلقية في الطفولة المبكرة:

1. القدوة الحسنة: وهي من أهم الوسائل في التربية الخلقية، ونذكر بأن الأب والأم مراقبان من أطفالهما وأن سلوكهما يسجل على قلوب بريئة ونظيفة. وأن هذه القلوب أمانة وضعها الـلـه عندهم. وتتطلب القدوة الحسنة الثبات والاستمرار على الأفعال الحميدة والخلق الحسن.

لأن مرة واحدة من القدوة السيئة تخرب ما تبقى من الخلق الحسن كان يعوّد الأبوان أطفالهم على الصدق ويلقنوهم أهمية الصدق ويكافؤوهم عليه فينشأ الأولاد على الصدق حتى إذا كذب أبوهم أو أمهم مرة واحدة أمامهم انهار ذلك البناء كله، فقد يقول أبوهم لأمهم وهي ترد على الهاتف: "قولي له أني غير موجود" عندئذ يكتشف الأطفال أن والدهم الرجل العظيم في نظرهم - يكذب - فتنهار فضيلة الصدق عندهم ولا يبقى لها معنى، وما أكثر ما يقع الآباء في مثل هذه الأخطاء القاتلة.

2. التلقين: نقصد به الحكم على أفعال الطفل أو الأفعال التي تقع من الآخرين أمامه بالخير أو الشر. وليس من الضروري أن نبين له الحكمة من ذلك الفعل فقد لا يستوعب ذلك لكن نلقنه، هذا الفعل الحرام وهذا حلال، هذا

مفيد وهذا مضّر، إن هذا التلقين ضروري لتفتح الضمير عند الطفل، ولا يتفتح ضميره إلا بعد أن يملك ثروة من القيم يقيس بها أفعاله وأفعال الآخرين ليحكم عليها حكماً أخلاقياً، وينبغي ألا يلقن الطفل الصغير مفاهيم عامة كأن نقول له "السرقة حرام" بل نلقنه سلوكاً مشخصاً يعرفه فنقول له حرام عليك أن تأخذ نقوداً من حقيبة أمك إلا إذا سمحت لك بذلك. ومرة ثانية نقول له: حرام عليك أن تأخذ نقوداً من جيب والدك إلا إذا سمح لك. وثالثة من أخته أو أخيه، وفيما بعد وفي الطفولة المتأخرة "بعد الثامنة" يجرد من الأفعال المشخصة مفهوماً عاماً وهو أن السرقة حرام. (الدسوقي،1979).

3. القصة والسيرة: تميل النفس لسماع القصة لعدة أسباب منها إضفاء صفة الواقعية على أحداث القصة، ومنها المشاركة الوجدانية لأشخاص القصة حتى أن المستمع يجعل نفسه أحد أشخاصها ويدرك الإسلام ذلك فجاء القرآن الكريم فأكثر من القصص، لذا وجب على الآباء والأمهات التركيز على هذه الوسيلة التي تعد من أقوى الوسائل تأثيراً.
4. الترغيب والترهيب: الرجاء والخوف خطان فطريان في النفس البشرية فالطفل في المهد يرجو حنان أمه في حضنها ويخاف من الوحدة وغياب أمه وعلى الآباء والأمهات. تنمية هذين الخطين تنمية متوازيه. فالتلقين مع الترغيب والترهيب بالإضافة للقدوة الحسنة تدفع الطفل نحو تشرب الأفعال الحميدة حتى تصبح سجية له.
5. تنمية الضمير: القدوة الحسنة والتلقين والقصة والترغيب والترهيب ستعمل مجتمعة على إكساب الطفل قيماً خلقية حميدة، ولا تصل التربية الأخلاقية إلى هدفها إلا عندما تنمي الضمير وهو المحكمة الداخلية، في الإنسان التي تحكم على أفعاله بالخير أو الشر وتجازيه عنها فتكافئه عندما يشعر بالألم والندم على ذلك الفعل.

وندرب الأطفال على المراقبة الذاتية عندما نطلب من طفل الخامسة

والسادسة أن يقيم سلوكه الذي فعله فيسأله الأب والأم: هل أنت راضي عنه؟ هل أنت نادم على فعله؟ هل تعاهد أن لا تعود إلى مثله؟ كما نوضح له أن الله يراه وقد سجل عليه هذا الفعل وسيحاسبه عنه أو يتوب عليه.

والضمير ليس غريباً على الطفل يأتيه من الخارج كما يدعي فرويد، كما أنه ليس وظيفة من وظائف العقل كما يدعي العقلانيون، بل هو بذرة فطرها الله في النفس البشرية تنمو وتتفتح بتأثير التربية أو تبقى ضامرة متخلفة إن لم يعتن بها.

ويقع العبء الأكبر في تنمية الضمير في نفس الطفل على الوالدين، فهما أول من يغرس الخير والأخلاق في نفوس أبناءهم.(الشنتوت،1990).

تاسعاً: دور الأسرة في تنمية الحس الأخلاقي للأفراد:

يرى الدكتور عمر يوسف حمزة أن الأسرة لها دور كبير في غرس الحس الأخلاقي في نفوس أبنائها ويتضح ذلك فيما يلي:

1. تقوية شخصية الطفل بحيث يجد في جو البيت ما ينمي مواهبه ويصقلها ويعدّها للبناء والإفادة.
2. تنمية الجرأة الأدبية في نفس الطفل بحيث يصبح شجاعاً صريحاً جريئاً في آرائه في حدود النظام الخير والأدب.
3. تقوية روح التعاون والحب في نفوس الأبناء بين بعضهم البعض وبينهم وبين إخوانهم في المجتمع حتى يكون من روّاد التكافل الاجتماعي في كل ما يعود على الأمة بالقوة والكرامة والأمن والسلام (حمزة) ولقد أشار إلى هذا الموضوع الدكتور عبد الله ناصح علوان بأن دور الأسرة فيما يلي: تخليق الأولاد منذ الصغر على الصدق، الأمانة، الاستقامة، الإيثار، احترام الكبير، وإكرام الضيف ومحبة الآخرين.

4. تطهير ألسنتهم من السباب والشتائم والكلمات النابية وعن كل ما يفسد الخلق.

5. ترفعهم عن دنايا الأمور وسفاسف العادات وقبائح الأخلاق وعن كل ما يحيط بالمروءة والشرف والعفة.

أن تلحظ في الأولاد الظواهر الأربعة "أرذل الصفات" وهي ظاهرة الكذب، ظاهرة السرقة، ظاهرة السباب والشتائم، ظاهرة الميوعة، والانحلال (علوان).

وقد استبطت دور الأسرة في غرس الحس الأخلاقي للأفراد من كتاب "التربية الأخلاقية" اميل دور كايم، فكانت على النحو التالي:

1. إيقاظ النشاط في نفوس الأبناء وتنميته.

2. إثارة ملكات التضحية والتفاني وأن تقدم ما يغذي وينمي هذه الملكة.

3. أن تدفع أبناءها إلى السعي وراء الغايات الجماعية السامية.

4. أن تغرس في نفوس أطفالها حب المثل الأعلى الاجتماعي الذي يتمكنون من العمل على تحقيقه يوماً ما. (كايم).

وأشار الدكتور محمد عقله أن الأسرة يلقى على عاتقها دور كبير في غرس الأخلاق في نفوس أبنائها ومن هذه الأدوار:

1. تغيير الأبناء إلى ماهو أسمى وأفضل: فالأخلاق الحميده إذا ما تمكنت من النفس وأحدثت آثرها المنشود فيها كأن من شأنها أن تغير موروث الإنسان وأثر البيئة، فيتمكن الطفل بالإرادة والعزم والتقوى أن يتحول عن الطمع والبخل إلى السماحة والعطاء. فالآباء يستطيعون تطوير أولادهم إلى الأفضل بواسطة زرع الأخلاق في أعماقهم.

2. تعويد الأطفال التميّز واستقلال الشخصية: فعندما يغرس الآباء الأخلاق في نفوس أطفالهم وأولادهم فإنهم يصقلونهم بشخصية قوية ويمنحوهم الاستقلالية.

3. الأسرة تحقق السعادة لأبنائها من خلال نيل مرضاة اللـه سبحانه وتعالى وتحقيق النفع للجماعة.

إذا ما استقامة نفوس الأبناء على أمر اللـه وعلى حب اللـه ولايكون شيء أحب إلى النفس من اللـه فإنهم سيجلبون لأنفسهم السعادة.

ويجب على الأبناء أن يعلموا أبناءهم أن سعادة الفرد مرتبطة بسعادة مجتمعه وبتلبية لحاجة الناس على حاجته بالايثار، وبالتضحية بمصلحته الذاتية في سبيل الجماعة.

4. الأسرة قد تمنح أفرادها الكمال، وتهذيب نفوسهم وتركيزها إذا عرفت الأسرة كيف تفجر الطاقات المختزنه في أبنائها نحو الطريق الصحيح، سواء كانت طاقات مادية أم علمية أم روحية أم جسدية فلا تبقى معطلة وتوجها في المجال الذي تؤدي فيه وظائفها بالشكل المناسب. ومن أجل الإستفادة من كل الطاقات وإطلاق الجهود للعمل قاوم الإمام الغزالي فكرة التقليد والقبول بالأمر الواقع ودعا إلى البحث المدعوم بالدليل ورفض قبول بالأمر الواقع ودعا إلى البحث المدعوم بالدليل ورفض قبول فكرة دون دليل قاطع أو برهان ساطع.

استطاعت الأسرة تنمية الأخلاق واستمرارية فاعليتها في نفوس أطفالها عن طريق التطبيق العملي لهذه الأخلاق في كل نواحي الحياة.

عرفت الأسرة كيفية علاج الظواهر المرضية والشوائب الغريبة في نفوس وعقول أبنائها "مثل الحسد والغل والحقد والكذب والخيانه".

5. من أدوار الأسرة تجاه أبنائها، غرس الشخصية المتوازنة التي ينبغي أن يتوافر فيها: الذكاء، الجاذبية، الشجاعة، الحكمة، التفاؤل، التواضع، قوة البيان، الثقة بالنفس، مساعدة الآخرين.

6. الأسرة تقوم بإحياء الضمير عند أفرادها والإحساس بالرقابة الدائمة. (عقلة).

وقد ألمح محمد أحمد جاد الموسى إلى دور الأسرة "الاخلاقي" فقال: من واجبات الاسرة الأخلا قية" تجاه أفرادها":

1. وجوب التبكر في غرس الفضيلة في نفوس أفرادها.

2. أثر القدوة: فيجب على الآباء أن يمارسوا الصدق مثلاً حتى يتعلم أبناءهم الصدق. لذا وجب على الطفل أن ينشأ بين أسرة لا تقول إلاّ حقاً.

3. التشجيع على الفضيلة. فيحسن بالآباء تشجيع الطفل على الفضيلة والإحسان إليه إذا فعل أو قال شيئاً يعد من الفضيلة.

4. تنشئته على الشجاعة: ومن الأخطاء التي يقع بها الآباء تجاه أولادهم أن يحدثوهم بالقصص المفزعة التي تملأ القلوب مخافة "كقصص العفاريت" مما ينعكس سلباً على الطفل فينشأ جباناً.

5. التربية الإقتصادية: وذلك بأن ينمي فيه خلق الإقتصاد فيؤمر الطفل بادخار شيء من النقود التي تعطى له. (الموسى).

وحصر محمد صبح دور الأسرة في:

1. أن يتخيروا لهم أحسن ما تبثه وسائل الإعلام بعد أن احتلت في نفوس الأبناء مكاناً مرموقاً.
2. معاملة الوالدين للأبناء بالعدل والمساواة يهيء جواً سمحاً في البيت.
3. يشترك الآباء في اختيار الأصدقاء لأبنائهم.
4. يصطحب الآباء أولادهم لزيارة مريض في بيت أو مستشفى أو لمواساة من يستحق المواساة ليغرسوا في نفوسهم حب الإجتماع على الخير والتعاون على البر وإسعاد الآخرين (صبح).

وقد أجاد الدكتور ماجد عرسان عندما وضح دور الاسرة في غرس الحس الأخلاقي للأفراد فحصوها في النقاط التالية:

1. **تحديد الذات أو الهوية، أو الإجابة عن السؤال "من أنا"؟**

إن الإجابة على هذا السؤال لاتتم إلا في إطار اجتماعي لأن الهوية أو الذات لا تعرف إلا من خلال العلاقات مع الآخرين ولما كانت العلاقات الأولى التي يحبرها الطفل هي الأساس في رسم هويته وذاته والتي تكون أساساً للتوازن أو عدمه بينه وبين المجتمع في المستقبل فلا بد أن تقوم هذه العلاقات في بيئة أسرية مليئة بالحب والحنان والرحمة وتقيم علاقاتها مع الطفل على أساس احترام الإنسان وتقبله، وكل نقص أو اضطراب في هذه العلاقة المبكرة ستجعل من ذات الطفل خلية سرطانية تنمو في المستقبل وتمتد لتشكل بعض مظاهر المرض الأخلاقي في المجتمع الكبير.

2. **تقبل الذات والإجابة عن سؤال "ماذا أشبه أنا"؟**

والإجابة الصحيحة عن التساؤل المذكور توفر للطفل ما يحتاجه لتقبل ذاته فهو لا ينقطع عن التساؤل عن تكوينه وهيئته ومدى ملاءمتها وتقبلها وعن تقبل من حوله له.

فالطفل الذي يحرم من حنان صدر أمه وينتزع من ثدّيها مثلاً يصدر عنهم الخير والشر، وهذه حقيقة مرعبة للطفل في هذه المرحلة المبكرة. ولذلك كان حب الأسرة الوافر الغامر أمراً ضرورياً في هذه المرحلة لأنه يغرس في نفس الطفل تقبله لنفسه وتقبل الآخرين له ويفتح عينيه على الفضيلة في الإنسان فيدرّبه على محبة الآخرين وحسن الظن بهم.

3. **تمييز الطفل للسلوك. أو الإجابة على السؤال "كيف، يجب أن أسلك"؟**

ومن خلال عملية تحديد الهوية وتقبل الذات يسأل الطفل نفسه السؤال الحاسم وهو كيف أحتاج أن أسلك؟ وفي هذه الحالة يحتاج إلى نماذج أخلاقية تساعده على بناء سلوكه وهذه الحالة تسمى عند علماء النفس "تمييز السلوك" ومن الطبيعي أن يكون الأولاد هم أول من يمد الطفل بنماذج السلوك الذي يبحث عنها، ثم يستمدها الطفل بعد ذلك من بيئته الإجتماعية الواسعة وهذه النماذج تصبح فيما بعد النماذج الأخلاقية التي يقتدي بها وتتمركز حولها المثل العليا وصورته المثالية التي ينشدها.

4. **تطوير ضمائرنا ناضج أو الإجابة عن التساؤل. ما هو الصحيح الذي يجب أن نفعله"؟**

إن الإجابة عن هذا التساؤل يرتبط بالتساؤل الذي سبقه إذ حالما يختار الطفل "مثله العليا" ونماذج القدوة فإنه يتساءل: ماهو إذن العمل الصحيح الذي يجب أن أفعله؟ وهنا يبدأ ضميره في توجيهه وبدون تطوير مقياس الضمير يصعب نمو القيم الإسلامية وتعاني التربية الحديثة من فشل ذريع في تطوير هذا الضمير عند الطفل بسبب غياب الشعور بالمسؤولية أمام قوة حقيقية يحسب الفرد لها ألف حساب حقيقياً.

5. **الإنجاز والنجاح أو الإجابة عن التساؤل "ما قيمة الذي افعله"**

وأخيراً بعد أن يتعرف الطفل على هويته ويتقبل ذاته كما هي؟ ويكيف نفسه طبقاً لنماذج شخصيات القدوة، ويطور لنفسه رقابة داخلية أو ضميراً فإنه يتساءل ببساطة: ما قيمة الذي أفعله.

وهنا وبعد أن يستوي في حاجاته من المحبة العائلية فأنه يحتاج إلى تطوير مفهوم الذات الإيجابي وأن يختبر النجاح والإنجاز وأن يتذوق موافقات التي توافق

ذلك، إذ حين يكرر الوالدين رضاهما ومحبتهما لإنجازاته فأنه يتولد في نفس الطفل إحساس القيمة والكرامة، كما أن السخرية والهزاء وتقليل قيمة الأطفال يعيق تأسيس هذه الظروف أو الشروط التي تسبق التهذيب الاخلاقي (عرسان،1992).

عاشراً: دور الأسرة في تنمية الحس الأخلاقي في المجتمع؟

الأسرة هي الوحدة الإجتماعية الأولى في البناء الإجتماعي من حيث: تكوينها، ونطاقها، ووظائفها، وعلاقة أفرادها بالآخرين في المجتمع.

والأسرة جماعة إجتماعية أساسية وتنظيم اجتماعي رئيس تهدف إلى إرساء قواعد متينة للمجتمع. يتبين مما سبق أن الأسرة كونها نواة المجتمع فإن لها أدواراً هامة تؤديها للمجتمع منها "عملية زرع الأخلاق في المجتمع".

فيتنقل تأثير الأسرة بالتربية الأخلاقية من أفرادها إلى جميع أفراد المجتمع.

ولقد أجاد الدكتور محمد عقله عندما تحدث عن دور الأسرة في زرع القيم الأخلاقية في المجتمع وكان مما قاله:

1. الأسرة تبني المجتمع الخيّر الفاضل: فعندما تربي الأسرة أولادها على الأخلاق الفاضلة فينشر الأفراد في المجتمع لينشروا الأخلاق الذي تعلموها من أمهم وأبيهم، فيؤثروا على هذا ويزرعوا الأخلاق في قلب هذا. وهكذا فإن الأسرة يتعدى تأثيرها الأخلاقي من أفرادها إلى المجتمع لتحقيق الطمأنينة للمجتمع وتحقق له التماسك والنظام والتقدم والحضارة وتقضي على الفوضى والمشاكل بين الناس.
2. الأسرة توثق الروابط بين أفراد المجتمع، وتضمن قوة المجتمع، وتكّون الوعي بوحدة الحياة الاجتماعية.

فالأسرة عندما تزرع في نفوس أولادها أن المسلم أخ للمسلم في مكان. وأن هذه الأخوة تهدف إلى التناصر بين المسلمين على أساس ديني لا على العصبية العمياء، فإنه بذلك" الأسرة توثق روابط الأخوة بين أفراد المجتمع بل يتعداه إلى كل مسلم خارج المجتمع، وهي بذلك تضمن قوة وترابط المجتمع وتزرع الوعي بأهمية الحياة الاجتماعية.

3. الأسرة تكون روح التعلق بالمجتمع فعندما يربي الأم أو الأب أولادهما على الأخلاق الحسنة وعلى التآلف مع المجموعة الإجتماعية من حوله وعلى التضحية لمصلحة الجماعة وعلى التعاون مطلقاً على الخير ولا سيما في مجال التضحية فهي بذلك تكون قد قوّى روح التعلق بالمجتمع فيبدأ أفرادها ببثّ الأخلاق التي مارسوها في البيت فتصبح الأخلاق واقعاً عملياً على أرض الواقع فتتفشّى الأخلاق في المجتمع.
4. الأسرة تزرع في المجتمع روح الأخوة الإنسانية، فالفرد الذي يربي في بيته تربية أخلاقية، تعلّم أن ينظر إلى الجميع كما ينظر إلى نفسه لا فرق بين جنس ولون.

والإسلام "يوجب نظام أخلاقي" يدعو إلى تحسين علاقات الدولة الإسلامية مع غيرها من الدول "المسلمة وغيرها" ليبين لنا مدى حرص الإسلام على التمسك بمعاني الأخلاق وأن العلاقات بين الدول لا تقوم إلا على أساس مراعاة الاخلاق. (عقلة).

ما هي أهمية البيت في التربية؟

البيت والمدرسة والشارع والمجتمع هي ركائز التربية الأساسية. لكن البيت هو المؤثر الأول، وهو أقوى هذه الركائز جميعاً لأنه يستلم الطفل من بداية مراحله فيبذر فيه بذوره ، ولأن الزمن الذي يقضيه الطفل في البيت أكثر مما يقضيه الطفل في أي مكاناً آخر، ولأن الوالدين أكثر الناس تأثيراً في الطفل.

الوحدة السابعة

دور المؤسسات الإجتماعية

في تنمية الحس الأخلاقي

دور المؤسسات الإجتماعية في تنمية الحس الأخلاقي

المقدمة:

إن الهدف السامي من التربية والتعليم في كافة المجتمعات، هو الوصول بأفرادها إلى حالة التكيف والتوافق مع الحياة التي يعيشون فيها، والأخذ من موجودات هذا الكون الواسع ما يكفي لهذا التكيف، وللوصول إلى هذه الموجودات التي تعمل على تكيف الفرد وإكسابه القيم والاتجاهات لتحقيق رغبته وطموحاته وآماله، لا بد من وجود وسيط مباشر أو غير مباشر لتبليغها له، وهذا الشيء من أساسيات التربية الأخلاقية على مر العصور التاريخية في السابق والحاضر والمستقبل، فوجود المؤسسات التربوية التي تساهم في إكساب الفرد المعارف والخبرات التي تشكل قيمة واتجاهات من القدم، حيث كل فرد يعيش في أسرة، وما تقدمه هذه الأسرة له من معلومات تساعده على فهم حياته منذ الصغر، هي الأقدر على اعتبار أن الأسرة هي مؤسسة تربوية، فقد كانت الأسرة من القدم القائم الأول لمهام عملية التربية والتي تؤدي وظيفتها اتجاه أبنائها، وذلك نتيجة للظروف التي عاشتها البشرية منذ القدم.

ومع تطور المجتمعات وتقدمها في المرحلة الثانية كان الفرد يستمد معارفه ومعلوماته التي تساهم في تكيفه مع الحياة من خلال اختلاطه بأبناء مجتمعه ورفاقه، حيث يكتسب كل منهم ما يعنيه، دون الأخذ بمدى فعاليتها وإيجابيتها.

ثم أخذت بعد ذلك الفرصة بتقدم العلوم التي وفرت سبل المواصلات والاتصالات، الأمر الذي استدعى توفير وسائل ومؤسسات اجتماعية وتربوية متخصصة، تقوم مقام الأسرة في عملية التنشئة الاجتماعية للأفراد، مع عدم التناسي لدور الأسرة الذي هو أساس في تقديم الخبرات الأولية للأطفال، فقد وجدت المدارس الحكوميه والخاصة، والجامعات والمعاهد ووسائل الإتصال كالنوادي والاتصال عن طريق رفاق اللعب والتلفزيون والإذاعة والمسارح وكغيرها من وسائل

الإتصال التي تساهم في تنمية الحس الأخلاقي لدى الأفراد.

التربية الأخلاقية والدوافع التي أدت إلى الإهتمام بها:

أول ما جاء بالحديث عن الأخلاق هو ما حث عليه الدين الإسلامي، وذلك في كلام القرآن الكريم لقول الله تعالى "وإنك لعلى خلق عظيم" صدق الله العظيم. وهذا الجانب لا يتوقف على الوجود الإسلامي، بل المجتمعات البشرية على السواء، تسعى إلى تلبية هذه الحاجة.

وحتى نفهم آثار المؤسسات التربوية في تنمية الحس الأخلاقي، لا بد لنا أن نتعرف على أهم الدوافع التي أدت إلى زيادة الاهتمام بالتربية الأخلاقية وهي: (الكيلاني،1991).

1. ظهور المجتمع الواحد المتنوع الأجناس والأعراف والأديان، والذي صاحبه مشكلات نفسية كالاغتراب والإحساس بفقدان الهوية، ومشكلات اجتماعية كالعنف، والمخدرات وانهيار السلطات.

2. شيوع الآلية في العلاقات الإنسانية، وفقدان الدفء في هذه العلاقات، نتيجة للتوسع في استعمال وسائل التقنيات الحديثة كالحاسب والإنترنت، وإضافة إلى التعلم الجماهيري بالتلفزيون والإذاعات.

3. ثورة الحريات في العالم ضد المظالم التي أوقعها الإنسان بالآخر على مستويات فرديه ومجتمعية.

4. المطالبة بالعلاج لبعض الأمراض الاجتماعية المتفشية في بعض المجتمعات، والعمل على تنمية الجوانب الإيجابية في شخصية الإنسان.

5. العمل على تكوين شخصية الإنسان، وعدم الرضا بالتربية المعاصرة التي تقتصر على التدريب العملي والمهني، بل السعي إلى الكشف عن التربية التي تخدم الحاجة للإنسان.

العوامل المؤثرة في الحس الأخلاقي:

وبعد أن تحدثنا عن التربية الأخلاقية، والدوافع التي أدت إلى الإهتمام بها، لابد من وجود مراحل وعوامل مؤثرة على النمو الأخلاقي للفرد بشكل عام والطفل بشكل خاص، ومن هذه العوامل: (تشكنويتي،).

1. تأثيرات الأسرة: والتي يبدأ الطفل فيها بالتكيف مع الجو العائلي وسلوك الوالدين، حتى يتعود على قوانين الحياة، ويكتسب الأمور التي تتفق مع لغته وعاداته وتقاليده، حيث أن الأسرة هي نقطة البدء في حياة الطفل.

2. تأثيرات الجماعة أو المجتمع المحيط: حيث تبدأ المرحلة بعد اندماج الطفل بأصدقائه في مجتمعه من جيرانه، بالإضافة إلى رياض الأطفال وتمتد إلى المراحل المختلفة في الحياة المدرسية، والتي تكسب الكم الهائل من الخبرات الاجتماعية أو ما تسمى بالمعرفة العامة.

هذه المعرفة المكتسبة من جماعته تفهمه أهمية القيم الأخلاقية وتجعله قادراً على التمييز بين الإيجابي والسلبي، الأمر الذي يوجد عنده مفتاح الوعي الأخلاقي الذي يعمل على اكتساب القيم الأخلاقية. ويكتسب هذا الطفل هذه القيم الأخلاقية من خلال علاقاته مع الأشخاص والأشياء باللعب، الأمر الذي يجعله يتفاعل مع القواعد والقوانين ومع الأنشطة الجماعية التي تنشأ الحياة المتبادلة اجتماعياً.

وبعد أن تحدثنا عن مفهوم التربية الأخلاقية والدوافع التي أدت إلى الاهتمام بها والعوامل المؤثرة فيها يبدأ بالحديث عن المؤسسات الإجتماعية التربوية التي تساهم في تنمية الحس الأخلاقي.

المؤسسات الإجتماعية وأثر كل منها على تنمية الحس الأخلاقي:

- **المؤسسات الإجتماعية:**

هي عبارة عن الوحدات والأنماط الإجتماعية التي يتكون البناء الإجتماعي من مجموعهما وتعمل على تنظيم الأفراد لبعضهم والمحافظة على أدراجهم في الإطار الثقافي العام السائد في المجتمع.

- **أنواع المؤسسات الإجتماعية :**

ما من شك أن المؤسسات التي سأتحدث عنها متداخلة فيما بينها تؤثر منها بالأخرى وتأخذ المؤسسات الإجتماعية بصورة عامة شكلين رئيسين هما:

1. مؤسسات اجتماعية أساسية مثل الأسرة والمدرسة.
2. مؤسسات إجتماعية ثانوية مثل دور العبادة والنوادي وأماكن الترويح ورفاق اللعب ووسائل الإعلام" (القضاه،1991).

ومن هنا سوف أتحدث عن دور المؤسسات الإجتماعية الثانوية في التربية الأخلاقية بعد أن تم تناول المؤسسات الأساسية من قبل الزملاء في المحاضرات السابقة.

أولاً: دور العبادة:

سبق أن أوضحنا بأن الأسرة هي الراشدة في التربية الأخلاقية وهي الحلقة المستمرة مع المؤسسات الأخرى، في تحقيق الأثر الإيجابي مما تنويه المؤسسات الأخرى كالمدارس ودور العبادة وأماكن اللعب والنوادي، ورفاق اللعب وأماكن الترويج.

وفي هذا المجال سنبدأ بالحديث عن أحد المؤسسات الثانوية المؤثرة في تنمية الحس الأخلاقي، وهي دور العبادة.

ومن دور العبادة المساجد والكنائس التي كان لها أثر على التربية الأخلاقية، حيث ارتبط تاريخ التربية الإسلامية بالمسجد ارتباطاً وثيقاً، وقد قامت حلقات الدراسة في المسجد منذ أن نشأ، واستمرت على مر السنين، وكأن السبب في جعل المسجد مركزاً ثقافياً هو أن الدراسات أيام الإسلام الأولى كانت دراسات دينية تشرح تعاليم الدين الجديد، ثم وسع المسلمون في عصورهم التالية في فهم مهمة المسجد فاتخذوه مكاناً للعبادة ومعهداً للتعليم وداراً للقضاء.

ومن أشهر المساجد في هذا المجال:

1. جامع المنصور.
2. جامع دمشق.
3. جامع عمرو بن العاص. (عبدالدايم،1973).

ويتلخص دور العبادة في تنمية الحس الأخلاقي من خلال ما يلي: (صوالحة،1994).

1. تمكين الفرد من معرفة أمور دينه وعقيدته والتي تحكم سلوكياته وتصرفاته من أجل تحقيق السعادة للفرد والمجتمع.
2. إمداد الفرد بإطار سلوكي معياري مرتضي مبارك.
3. إكساب الفرد مكارم الأخلاق، وتنمية الثقة له بنفسه وبمجتمعه وبخالقه.
4. تنمي الضمير الحي عند الفرد المتعلم وفق تعاليم دينه الإسلامي.
5. إكساب الفرد الخبرات والمعارف والمهارات في مجالات حياته المختلفة وذلك بترجمة تعاليم الدين الإسلامي بأسلوب علمي.
6. تحقيق مبدأ المساواة بين أفراد المجتمع الواحد ضمن عقيدة واحدة تقوم على أساس التقوى.

7. غرس الاتجاهات القائمة على حب الخير والعمل ضمن إطاره، وكره الشر والابتعاد عنه في القول والعمل.

8. إكساب الأفراد العادات والاتجاهات والقيم الديمقراطية والتعاون وذلك من خلال حلقات الدروس والخطب الدينية وحملات الوعي والتثقيف الديني.

9. اعتبر الدين الإسلامي المساجد المنبر والأساس لبث أروع معاني الحياة فيما يتعلق بالحرية والمساواة والشورى والاشتراكية.

10. ما جاء به الدين الإسلامي هو قائم على أساس التربية الأخلاقية، وهو كما في قوله تعالى "وإنك لعلى خلق عظيم" صدق الله العظيم وقول رسول الله صلى الله عليه وسلم: "إنّما بعثت لأتمم مكارم الاخلاق".

ثانياً: النوادي:

هي عبارة عن مؤسسات اجتماعية تربوية تعمل على إكساب الفرد اللياقة الجسمية والمهارات العقلية التي من الممكن أن يكتسب فيها قيم وعادات اجتماعية تساعده على فهم معنى حياته.

وإن سلامة الجسم من أهم اعتبارات التربية المتكاملة للطفل بشكل خاص والفرد بشكل عام، لذلك تقوم الجهات المسؤولة عن هذه الأندية بتوفير كافة المعدات والأجهزة التي تساهم في تحقيق مبدأ الجسم السليم.

ويتلخص دور النوادي في تنمية الحس الأخلاقي من خلال ما يلي: (شحادة،1986).

1. خلق بعض الاتجاهات والمبادئ الأخلاقية بين الأفراد وذلك من خلال التنافس والبعد عن الأنانية.

2. تكوين لدى الأفراد مبدأ التعاون وذلك بالعمل من خلال الفريق.

3. تقوية العلاقات والصداقات على أساس الأخلاق الحميدة بين الأفراد.

4. تخريج الأعداد اللامعة من أبناء المجتمع والتي تعتبر من الروافد والكفاءات الغنية والرياضية للمجتمع.

5. العمل على إبعاد الأفراد عن الأخطار الأخرى التي سيقعون بها فيما لو لم يكن هناك نوادي لقضاء أوقاتهم.

ثالثاً: أماكن الترويح:

عندما نتحدث عن الترويح عن النفس، فنحن نتحدث عن أمور بالذات للفرد، وبالأخص فيما يتعلق بالمشاعر والأحاسيس والراحة النفسية والجسدية والذهنية.

فقد تكون مواقع اللهو والأماكن السياحية في المجتمع التي تساهم في تنمية الحس الأخلاقي تلعب الدور الأساسي في قضاء أوقات الفراغ التي يواجهها الفرد، وقد تنعكس عليه إيجابياً في حالة عدم وجود أعمال أو أشغال، فيكون دورها التسلية مع زملائه ورفاقه وبأبناء مجتمعه، الأمر الذي يكسبه مبادئ الحس الأخلاقي سواء باللعب أو الزيارات أو المطالعات أو المشاهدة.

ومن الأنشطة الترويحية التي تؤثر في الحس الأخلاقي:

إن قيام الأفراد بالزيارات والرحلات العلمية أو السياحية تؤثر في تربية وتنمية الأخلاق والحس الأخلاقي لديهم من خلال:

1. تنمية علاقات التعاون بين الأفراد المرتحلين أو المشتركين في النوادي.
2. تكوين قيم واتجاهات إيجابية نحو الطبيعة فيعمل الفرد على تقديرها والمحافظة عليها.
3. المحافظة على الأماكن العامة، وتكوين لدى الفرد شعور المواطن الصالح.
4. عمليات الترفيه التي يمارسها الفرد إلى العمل والإنتاج بعد أن استخدم مواهب الطبيعة في إسعاد نفسه وراحتها.
5. الكشف عن طبقات المجتمع الذي يعيشه الفرد، والتعرف على ظروفهم، والشعور معهم كأنه الجسد الواحد.

رابعاً: رفاق اللعب:

إن جماعة اللعب أو ما تدعى رفاق اللعب لها دور هام في التنشئة الإجتماعية وذلك من خلال نمو الفرد المختلفة والتي تعمل من خلال التفاعل على إكساب الفرد الخبرات والتي تكون في إتجاهين:

- إيجابي: اكتساب الفرد خبرات ومواقف تـتفق مع الواقع للتربية الأخلاقية التي خططت لها الدولة.
- سلبي: هو أن يكتسب الفرد بعض العادات السيئة وذلك من خلال تفاعله مع أقرانه من أبناء مجتمعه، ولتخلص من هذه الحالة لا بد من العودة إلي المناهج إثناء التخطيط وذلك بالتعريف عن آثار المنهاج الخفي والتنبيه له، وهؤلاء الرفاق لهم تقريباً نفس العمر ولهم تقريباً الخصائص الاجتماعية والاقتصادية والتعليمية وقد يشتركون في الميول والاتجاهات والاهتمامات.

دور رفاق اللعب في التربية الأخلاقية:

1. تكوين معايير اجتماعية جديدة وتنمية الحساسية والنقد نحو بعض المعايير الاجتماعية السائدة للسلوك.
2. إتاحة الفرص للفرد على التدريب على السلوك.
3. إتاحة الفرصة للفرد للعمل تحت الرقابة الذاتية.
4. العمل على تعديل سلوك الفرد المنحرف عن الجماعة نحو الأفضل.
5. العمل على التقليد للقدوة.
6. العمل على اكتساب الخبرات والمعرفة وسد الفجوات والثغرات التي تتركها الأسرة أو المدرسة.
7. إتاحة الفرص للفرد "الطالب" على تحمل المسؤولية الاجتماعية والصبر في الأمور الصعبة.

8. تقديم المثل الأعلى أو النموذج المثالي والمعايير الاجتماعية والفرص الجيدة للتقليد من خلال رأي الجماعة.

خامساً: وسائل الإعلام:

يزداد أثر وسائل الإعلام المختلفة "من صحافة وإذاعة وسينما ومسرح" أهمية في المجتمع بما تقدمه من معلومات وحقائق وأفكار مع إتاحة فرصة الترفيه والترويح. ويتوقف أثرها في التربية الأخلاقية على نوع وسيلة الإعلام المتاحة للفرد، وردود فعله حسب سنه، وخصائصه الشخصية، ومستواه الإجتماعي، وأخيراً ردود الفعل المتوقعة من الآخرين إذا اتبع الفرد ما تقدمه تلك الوسائل.

وما يمكن قوله بالنسبة لتلك العوامل، هو أن التنشئة الاجتماعية الأخلاقية لا تقتصر عليها فقط، بل توجد عوامل أخرى ووسائط مباشرة متعددة ترتبط بالمجال الإجتماعي، الذي يتفاعل الفرد من خلاله مع الآخرين، مثل الوسط الاجتماعي داخل الجامعة أو المعاهد، وفقرات العمل التي يمارسها الأفراد، وجماعة الأصدقاء أينما كانت، إضافة إلى العائلة التي تحدثنا عنها في السابق. (نصيرة،1995).

إن إدخال وسائل الإعلام والإتصال واستخدامها في التعليم ينبغي أن يكون جزءاً من تغيير كلي وتجديد شامل في العملية التعليمية والبيئة التعليمية، ولا يمكن تحقيق ذلك إذا ظلت البنية التقليدية على حالها، ولذا لا بد من إعادة النظر في أخلاقيات التربية وإطارها ووسائلها وأن تكون هذه النظرة شاملة ومتكاملة لكي تدخل صيغاً جديدة من وسائل الإعلام القائمة على أسس علمية. (الجابر،1985).

ونقصد بالإعلام "هي العملية التي يتم من خلالها نقل الرسالة من جهة أخرى، وقد يكون الإخبار عن أحداث أو حقائق أو أفكار أو آراء منسوبة إلى قائليها دون تدخل المصدر فالمصدر هنا لا يهدف إلا إيصال الرسالة دون أن يكون له رأي أو موقف يريد به التأثير على الآخرين. (الجابر،1985).

المؤسسات الإعلامية أثرها التربوي:

1. الإذاعة:

تعتبر الإذاعة من وسائل التعلم الجماهيري التي تستوعب تعليم الأعداد الهائلة من الكوادر البشرية وتعود أهميتها إلى:

1. إن الكلام المنطوق ذات أثر أكبر على المتعلم، لأن الذين يقومون بذلك يكونوا على استعداد أكثر بالقراءة والكتابة.
2. تعتبر الإذاعة ومن وسائل التثقيف التربوي.
3. بعض البرامج المستخدمة في الإذاعة تعمل على تكوين اتجاهات جديدة لدى الأفراد المتعلمين، يكون مخطط له.
4. تزيد الإذاعة من الوعي الاجتماعي والأخلاقي من خلال البرامج المختلفة كالمسلسلات والحكايات والقصص.
5. تعتبر الإذاعة من وسائل تحصيل الثقافة وإثراء الفكر.
6. تبعد بعض القيم الأخلاقية السيئة القائمة على أساس التمييز، والأنانية في بث المعلومات ولمن تبث.

2. التلفزيون: (الصحبي،1999):

يعتبر التلفزيون من أقوى وسائل الإتصال الجماهيرية، أكثرها فاعلية في التعليم، لما يحققه من التفاعل المركب بين عناصره الأساسية، وهي الصورة والصوت مع الحركة، ويكاد يجمع التربويين على أن التلفزيون أداة تعليمية، أثبتت قدرتها على جذب انتباه الدارسين وتحقيق الأهداف، ومن أسباب ذلك أن التلفزيون متميز عن غيره من وسائل الإتصال الجماهيرية بصفة الفورية، وهذه الصفة تزيد من طابع واقعيته، حيث إن المشاهد وكان الأعمال التي يراها تحدث الآن.

ويؤثر التلفزيون في تنمية الحس الإخلاقي من خلال:

1. البرامج والندوات والحكايات التي يقدمها.
2. المسلسلات التي يعرض بشكل مباشر من التصرفات الأخلاقية.
3. طرح بعض المشكلات الأخلاقية وتوفير حلول لها.
4. إن تقيس الاتجاهات عند المتعلمين، ويعمل على تكوين القيم الجديدة.
5. إنه يشجع المتعلم والفرد على الباحث والتجريب وبالتالي يأخذ صفة الباحث.
6. هناك تكوين إيجابي للأخلاق إذا كان الاستخدام له ضمن الواقع الأخلاقي للمجتمع، وإذا انتقل فيؤثر سلبياً. (نصيرة).

وهناك بعض الأخلاقيات التي قد يكتسبها الفرد من التلفزيون وهي تكمن:

1. التفكير اللفظي وغير اللفظي.
2. القراءة من خلال بعض البرامج التي تكتب.
3. العنف من خلال الأفلام المعروضة التي تكسب الفرد الصراع.
4. اللعب واللهو من خلال البرامج المسلية والتقليد لها واقعياً.
5. المحادثة، من خلال الإطلاع على المحاضرات والندوات والمسلسلات.

3. **المسرح:**

ومن أدوار المسرح في تنمية الحس الأخلاقي ما يلي:

1. تقدير الفرد وإعزاز إنسانيته واحترام تفكيره.
2. إبراز المشكلات الإجتماعية بصورة حية ملموسة ووضع حلول لها.
3. غرس المثل العليا للاتجاهات الديمقراطية وتنميتها والبعد عن التفكير الاتكالي والأخذ بالتفكير العلمي.

الوحدة الثامنة

أخلاقيات مهنة

التعلم في المدرسة

أخلاقيات مهنة التعلم في المدرسة

المقدمة:

تعتبر الأخلاق منطلقاً هاماً لحياة الأمم والشعوب بحيث تقدر سعادة الأمة بقدر ما لديها من قيم أخلاقية سليمة، فهي تنظم العلاقة بين الناس وتحكم على سلوكهم وتصرفاتهم بالخير والشر، وتمثل الأمم، القيم الأخلاقية مما يؤدي إلى تحقيق القسط الأكبر من السعادة لأكبر عدد ممكن من الناس.

وبما أن الإجتماع البشري أمر ضروري لا بد منه فقد اقتضت هذه الضرورة أن يكون بينهم تعامل مما يترتب عليه وجود قيم أخلاقية توظف للتمييز بين الخير والشر والفضيلة والرذيلة، ثم جاءت الأديان السماوية وقالت كلمة الفصل ضمن إطار من المبادىء العريضة فيما يمكن اعتباره سلوكاً مرغوباً أو غير مرغوب كما أجمعت هذه الأديان على أهمية الدور الذي تلعبه الأخلاق في حفظ توازن المجتمعات البشرية وحمايتها من الأغراق في الرذائل.

أما في هذه الأيام وخصوصاً عندما تخلت المؤسسات التربويه عن قسط من دورها في التربية الأخلاقية فنلاحظ الكثير من الأنظمة السياسية والحكومات العريقة، تنادي وتطالب بشدة لعودة هذا الجانب من التربية إلى ما كان عليه سابقاً لحفظ توازن المجتمعات.

كما وتعتبر الأخلاق قاسماً بين مختلف المهن فلا تخلو مهنة من الضوابط الأخلاقية التي تحكم تصرفات أفرادها ولكن تتأثر هذه الأخلاق بالإطار الفكري والمستوى الحضاري الذي تعيشه الأمه. وكذلك العملية التربوية لها علاقة وطيدة بالأخلاق فهي ضروره لابد منها لكل مدير مدرسة ومعلم وعامل في مؤسسة التعليم حيث تشير الدراسات إلى أن ما يزيد عن 80% من وقت المدير والمعلمون يقضونه في التعامل مع الناس.

التعليم رسالة مقدسة ومهنة سامية:

إن التعليم هو رساله الأنبياء السابقين لذلك فإن مهنة التعليم من أشرف المهن، وأسمى الرسالات.

وقبل الحديث عن مهنة التعليم، لا بد وأن أتطرق في هذا الموضوع عن التعليم نفسه فهو نشاط يقوم به المعلم لتيسير عملية التعلم لدى الطلاب، من أجل إحداث تغيرات معرفية ومهارية ووجدانية لدى الطلاب، بطريقة مقصودة. وطالما كان التعليم مهنة، فإن هنالك العديد من المؤسسات التي تعنى بالبحث العلمي الخاص بتطوير هذه المهنة بكل جوانبها، وما شك في أن هذا التطور سيضيف يوماً بعد يوم أبعاداً لمفهوم التعليم، فالتعليم عملية إجتماعية، تلتصق بالمجتمع وطالما ظلت المجتمعات متطورة ومتغيرة ظل مفهوم التعليم ديناميكياً متغيراً.

إضافة إلى أن أمراً آخر من الممكن أن يساهم في تطوير مهنة التعليم لدى القائمين عليها من آن لآخر، وهو تطور المعلمين أنفسهم، وزيادة خبراتهم من خلال ممارستهم التدريسية اليومية، والمشكلات الميدانية التي يواجهها عاماً بعد عام ، ولا شك أن هذه الخبرة تضيف لكل معلم أبعاداً جديده توسع مفهوم التعليم لديه يوما بعد يوماً. (دليل المعلم، 1418هـ).

وكما أشرنا إلى أن التعليم رسالة مقدسة ومهنة سامية، فقد جاءت تسمية رسالة لأنها تحقق أهداف محددة للمجتمع، ومقدسة لأنها وسيلة الأنبياء والمصلحين والمربين، وسامية لأنها تتطلب من القائمين عليها علماً منظماً ومتواصلاً وامتلاك مهارات خاصة، وأخلاقاً قويمة تنبثق منه الشعور العميق بالمسؤوليه نحو الفرد المتعلم، وأهداف المدرسه والمتعلم.

ونتيجة للتطورات الحاصلة في المجتمعات المتغيرة ونتيجة للإنفجارات المعرفية التي واكبت عصرنا الحاضر أصبحت الحاجة إلى وجود فئة متدربة بعملية التعليم أمراً أصبح في غاية الضرورة.

وهذا الأمر يتطلب إعداد المعلمين إعداداً صحيحاً قبل ممارستهم لمهنة التعليم في هذا المجتمع، ويتناول هذا الإعداد إنساناً سوياً، ومواطناً صالحاً عن طريق تزويده بالثقاف العام في مختلف حقول المعرفه الإنسانية، ويكون معلماً ناجحاً عن طريق تزويده بالثقافة التخصصية والمسلكية، ليقوم بمهنته كمعلم بصورة فعالة.

ولتحقيق مبدأ التعليم كرسالة مقدسة وكمنهة سامية، لا بد من وجود بعض القواعد والأخلاقيات التي تنبثق من فلسفة المجتمع، والتي تحقق فلسفته في التربية والتعليم، وإذا تجاوز هؤلاء المعلمون هذه الأخلاقيات فالحكم جاد بأن تعتبرهم منحلين، ولم يعد لهم الشرف الانتساب لمهنة التعليم ولا يجوز لهم ممارستها. (عبدالحميد وآخرون،1983).

المعلم في مهنة التعليم:

إن ما نراه ونشاهده اليوم من تقدم البشرية في جميع مجالات الحياة ما هو إلا ثمرة من ثمار العلم والمعرفه والتي أسهمت بصورة مباشرة في تقديم الأمم وازدهارها وسيادتها سياسياً واقتصادياً، وذلك بسبب اهتمامها بالعلم والمعرفة واستثمارها لرؤوس أموالها في مجال التعليم والبحث العلمي، حيث أن بعض دول العالم تنفق ما يعادل ثلث ميزانية حكوماتها على البحث العلمي إيماناً بالجدوى الاقتصادية والسياسية والاجتماعية لهذا النوع من الاستثمار.

وإن مظاهر التخلف الثقافي والاجتماعي لا تبدو واضحة إلا في المجتمعات غير المتعلمة أو تلك التي توظف العلم في شتى مجالات الحياة.

وإذا كان العلم أفضل الصنائع وأشرفها، فإن المعلم يتملك أعلى مرتبة من مراتب سائر العاملين في الصناعات الأخرى كالزراعة والصناعة. وغيرها كالشمس تضيء لغيرها وهي مضيئة نفسها، وكالمسك الذي يطيب به غيره وهو طيب، وقد جاء في الحديث عن النبي صلى الله عليه وسلم "أفضل الصدقة أن يتعلم المرء علماً ثم يعلمه أخاه، وما تصدق المرء بصدقة أفضل من علم ينشده".

صفات المعلم الصالح الخلقيه والخلقيه:

يقول علماء التربية أن المعلم الصالح لا بد من توافر مجموعة من الصفات الخلقية والخلقية ومن أهمها:

أن يكون صحيح البدن، سليماً من كل نقص جسمي، ومعتدل الشمائل، قوي السمع والبصر، بسيط التعبير عما بنفسه، حسن الإشارة، متين الأعصاب..وقادر على تحمل المسؤولية والمشقة، صحيح التفكير، قوي الحدس، ذكياً، محيطاً بالمادة التي يدرسها، شديد الرغبة في توسيع مداركه، مرن التفكير، قادراً على تبديل موقفه، واضح المعاني، جيد الفهم، ماهراً في التدريس ونقل المعلومة، مزوداً بالثقافة، قوي الإرادة، حازماً، ضابطاً لنفسه، يتعامل بالرفق ولغة العقل، صبوراً، رحيماً، شفوقاً على التلاميذ وعطوفاً.

لأن ذلك معيار الميل إلى مهنة التعليم فلولا هذه الصفات لما كان سقراط وفروبل وغيرهما من المعلمين أصبحوا معلمين خالدين.

أخلاقيات مهنة التعليم:

إن لكل مهنة في المجتمع الإنساني أخلاقيات يلتزم بها صاحبها، وتتكون هذه الأخلاقيات المهنية من ثلاثة أبعاد: وهي البعد المعرفي، والبعد السلوكي الأدائي، والبعد الخلقي الذي يرتبط بإتقان العمل والمحافظة على القيام به في إطار من الإلتزام بمجموعة من المعايير والقيم.

وقد تعددت تعريفات أخلاقيات المهنة وذلك من خلال ما أجراه الكثيرون بالبحث والدراسه فقد عرفت كالتالي: (عبدالحميد وآخرون،1983).

عرفها عبد الحميد ورفيقه 1985: بأنها مجموعة المبادىء والمعايير التي تعبر أساساً لسلوك أفراد المهنة المستحبة والتي يتعهد أفراد المهنة بالتزامها.

كما عرفتها بلقيس 1986 فقالت بأنها: هي مجموعة القيم والأعراف والتقاليد التي يتفق ويتعاون عليها أفراد المهنة المقصودة حول ما هو خير واضح وعدل في نظرهم، وما يعتبرونه أساساً لتعاملهم وتنظيم أمورهم وسلوكهم في إطار المهنة، ويعبر المجتمع عن استيائه واستنكاره لأي خروج عن هذه الأخلاق بأشكال مختلفه تتراوح بين عدم الرضا والانتقاد والتعبير عنهما لفظاً أو كتابة أو إيماء وبين المقاطعة والعقوبة المادية.

1. أخلاقيات مهنة التعليم في مختلف المجتمعات "من منظور عالمي":

إن معظم الأنظمة العالمية، وإن اختلفت لغتها وفلسفتها اتجاه مهنة التعليم إلا أنها تتفق على مبادىء وأساسيات ثابتة لمهنة التعليم والتي يمكن أن تقع تحت نقاط رئيسة وهي: (عبدالحميد وآخرون،1983).

أولاً: إن المهمة الأساسية لمهنة التعليم تتمثل في إرشاد المتعلمين على مختلف مراحلهم النمائية في الاكتساب للمعرفه والمهارات، والإعداد للحياة الهادفة التي تمكنهم من التمتع بحياتهم بكرامة وحرية.

ثانياً: تكمن مسؤولية المعلم في مهنة التعليم على مساعدة المتعلمين على تحديد أهدافهم الخاصة، وتوجيهها نحو الأهداف المقبولة في إطار مجتمعهم.

ثالثاً: تمثل مهنة التعليم مكانة الأمة والتي تتصف بالمسؤولية اتجاه تحقيق المجتمع والأفراد من حيث السلوك الاجتماعي والفردي.

رابعاً: إن مميزات مهنة التعليم، إنها تتصف بجوها العملي القائم على أساس العلاقة الإنسانية التي تربط بين المعلم والمتعلمين وأولويات الأمور، وتدمج في مجتمع واحد.

2. أخلاقيات مهنة التعليم من مظور عربي:

وتضمن الميثاق العربي حول المعلم الذي أوصى به المؤتمر الثالث لوزراء التربية والتعليم العربي الذي عقد عام 1968 ما يلي:

المادة الأولى: يتعاهد المعلمون العرب على التمسك بالالتزام بآداب مهنتهم، واحترام تقاليدها ويدركون أن قواعد الدين والأخلاق هي الداعية الأولى لتكوين الضمير الإنساني.

المادة الثانية: حفظ كرامة مهنتهم والاعتزاز بها والدفاع عن شرفها على أداء واجباتها والتمسك بحقوقها.

المادة الثالثة: يتعاهد المعلمون العرب على اعتبار أن كل منهم يمثل مهنته في الوطن العربي كله، وأنه يلزم لذلك بالتعاون الكامل صفاً واحداً مع إخوانه المعلمين في الوطن العربي على النهوض برسالة التربية والتعليم.

المادة الرابعة: يتعاهد المعلمون على الذود عن الوطن العربي والتضحية في سبيله وعلى التفاني في خدمة المجتمع.

المادة الخامسة: ينبغي أن تسود الديمقراطية الصحيحة بين المعلمين، وأن يتسم التعليم بروح الديمقراطية والحرية والنظام.

المادة السادسة: أن يوطد المعلمين العرب علاقات الزمالة بين أفراد أسرة التعليم وقيامها على الثقة والاحترام المتبادلين والتعاون المثمر على أداء واجبات المهنه وتذليل صعوباتها.

المادة السابعة: العمل على تحقيق مستوى علمي جيد يؤدي إلى نهضة عربية شاملة، وعلى الجهات المختصة أن تشركهم في إعداد المناهج والكتب المدرسية واختيار الوسائل التعليمية، ووضع الخطة العامة، وبحث التطورات الحديثة في مجال خدمات التعليم.

المادة الثامنة: يدرك المعلمون العرب تطور العلم في التقدم الحضاري، ولذلك يحرصون على متابعة حركته ويحركون الأجيال العربية الناشئة على مدى سرعته.

المادة التاسعة: أن يدرك المعلم العربي أن تذوق الجمال من جوانب الحياة ويجب تنميته بين التلاميذ.

المادة العاشرة: أن يعمل المعلمون العرب على أن يكونوا مثلاً صالحاً في الأخلاق والتحصيل العلمي ورواداً على طريق المعرفة والبحث عن الحقيقة باعتبارها أشرف هدف يرشدون الناس إليه.

المادة الحادية عشر: أن يدرك المعلمون العرب بأن المعلم أب والطالب ابن وأن الرابطة بينهما روحية، ويزاولون مهنتهم في ظل هذه العلاقة السامية.

المادةالثانية عشرة: الإيمان بوجوب توطيد العلاقة بين المدرسة والبيت لتحقيق الإشراف المشترك على السلوك الخلقي للطالب، وتحصيله العلمي، ولذلك يعملون على إشراف أولياء الأمور في تحمل المسؤولية عن بناء الأجيال الصاعدة.

المادة الثالثة عشر: يعمل المعلمون العرب أن تكون المدرسة مركز إشعاع ثقافي وإجتماعي ومركز خدمات وإرشاد. وذلك لضمان الوسط الصحي الملائم للتلاميذ.

الماة الرابعة عشرة: يعمل المعلمون العرب على تشجيع النشاط والعمل الجماعي بينهم في إطار المنظمات المهنية، التي تمثل مصالح المهنة ومصالحهم الأدبية والمادية وتحافظ على حقوقهم، والتأمينات لحياتهم.

المادة الخامسة عشر: يعلم المعلمون العرب أن لكل ثقافة قيمتها، وأنهم الحافظون لسلامة لغتنا الفصيحة أساس قوميتنا العربية، وأنهم بناءة ثقافتنا وحراسها المعرفون بمكانتها العالمية، ويدور فهمهم في الأحداث والقضاياً الإنسانية الكبرى. لذا يتعهدون على نشر الوعي لهذه الأهداف -القومية لتلاميذهم. والتبصر بالمعوقات التي يتعرضها الجهل والأمية والاستعمار والصهونية والتجزئة الطائفية العشائرية ويتعاهدون على تعبئة قواهم لكفاح هذه المعوقات, واسترداد الأجزاء المسلوبة من الوطن العربي.

المادة السادسة عشر: اعتبار يوم السبت الثاني من آذار "مارس" لكل عام عيداً للمعلم العربي، تحتفل به الحكومات والمعلمون في منظماتهم أو مدارسهم بما يذكر برسالة المعلم وأثره في نهضة الأمة العربية، حيث تشارك في العيد أجهزة الإعلام في كل بلد.

المادة السابعة عشرة: يلتزم المعلم العربي بروح هذا الميثاق ونصه، وكل خروج عن نصوص مواده وروحه يخضع للإجراءات والجزاءات التأديبية التي تنص عليها القوانين واللوائح التي تنظم عمله.

المادة الثامنة عشرة: يؤدي كل معلم عند بدء مزاولة العمل القسم التالي:

"أقسم بالله العظيم أن أؤدي عملي بالأمانة والشرف، وأن ألتزم بمبادىء ميثاق المعلم العربي / وأن أحترم قوانين المهنة وآدابها".

المادة التاسعة عشرة: يعمل بهذا الميثاق بعد التصديق عليه، وتودع صورة موقع عليها من كل معلم في ملف خدمته، كما تسلم له نسخة من هذا الميثاق للاسترشاد بها دائماً وتودع أخرى في ملف النقابة أو المنظمة التي ينتمي إليها.

3. **أخلاقيات المعلم من منظور إسلامي:**

1. محبة التلاميذ وأن يعاملهم معاملة أبناءه، لتحقيق ذواتهم وترقية شخصياتهم.

2. الشفقة والعطف على التلاميذ حيث يقول الرسول صلى الـلـه عليه وسلم. "علموا ولا تعنفوا فإن المعلم خير من المعنف".

3. العدل والأنصاف بين المتعلمين، حيث أن التمييز بين الطلاب يولد الكراهية وينفرهم.

أخلاقيات مهنة التعليم على مستوى الدولة الواحدة (من منظور وطني):

يمكن الحديث عن هذا الجانب من اتجاهين هما:

1. التعليم رسالة مقدسة ومهنة سامية، لأنها تحقق أهداف المجتمع وتسعى لبلوغ أرقى المستويات، ولذلك يتطلب من القائمين بمهنة التعليم أن يكون له الشعور العميق بالمسؤولية الفردية والجماعية نحو الفرد المتعلم.

2. قسم مهنة التعليم في الدولة: (دليل المعلم،1419هـ).

ويتضمن القسم لمهنة التعليم الأمور التالية:

1. أن يجعل المعلم ولائه لله، وأن يتمسك بمبادىء الدين الإسلامي.

2. أن يخلص المعلم لأمته ومليكة، وأن يحافظ على دستور بلاده.

3. أن يعمل كل معلم في نطاق مهنته وعلى وحدة الأمة العربية، والذود عن حريتها والحفاظ على شخصية الأمة العربية ومثلها.

4. أن يخلص كل معلم لوطنه، ويعمل على محاولة الاسترداد كل جزء محتل من أراضي الأمة العربية والإسلامية، ويبتعد عن العقائديات والطائفيات.

5. أن يعتز كل معلم بمهنته كمعلم، ويحافظ عليها، ويرفع من شأنها كل معلم بمبادىء أمته الأخلاقية في سلوكه العام والخاص.

6. أن يبقى دائماً قريباً من طلابه ويتعهد لهم بالنمو السوي والالتزام بالنزاهة في المعاملات معهم.
7. أن يكون المعلم قدوة حسنة لطلابه، وإنساناً مواطناً ومعلماً في كل تصرفاته، ومتخذ من ضميره رقيباً ومن ربه حسيباً وأن تكون شخصيته متفائلة ومستبشرة مفتوحة العقل والفكر.
8. أن تعلم الهيئة التدريسية في كل مؤسسة تعليمية بشكل متعاون لتنشئة الأجيال المؤمنة بالله والتحلي بالأخلاق وتحمل المسؤوليات وصولاً إلى مجتمع متكامل.

مصادر أخلاقيات مهنة التعليم: (رضوان)

أولاً: المصدر الديني:

تستمد أخلاقيات مهنة التعليم في البلدان العربية والإسلامية من القرآن الكريم، فهو أهم مصدر والذي يؤكد على الناحية الإجتماعية الأخلاقية، ويدعو إلى تقوى الـلـه سبحانه وتعالى، ويدعو إلى الصدق والتعاون والتسامح والصبر والصفح، وكظم الغيظ والتواضع والمحبة، والبذل والتضحية والجهاد، والعمل على شجب الظلم والكذب والنفاق والرياء والغيبة والنميمة والتجسس وشهادة الزور والبخل والغرور.

وتطلب أخلاقيات مهنة التعليم من المنظر الديني العمل على تقوى الـلـه والطاعة له وحسن معاملة الآخرين، والاستقامة في التعامل، وحسن معاملة الآخرين، واعتبار جميع المتعلمين من الطلبة سواسية كأسنان المشط.

وتستمد أيضاً أخلاقيات مهنة التعليم من السنة النبوية الشريفة، فقد جاءت لتحل كل ما يتعلق بالجوانب الإنسانية للفرد في الحياة، وتنظم العلاقات بين أفراد المجتمع، وكذلك بين بقية المجتمعات، فالرسول هو القدوة الحسنة للبشرية هو خير معلم، ولذا فإن المعلمين ورثته في التعليم.

ولعل أهمية الأخلاق المنبثقة عن المصدر الديني بضوابط الشريعة تكمن في أنها تحمل بالنسبة للمؤمنين معنى الإلتزام للقواعد الأخلاقية تكون عديمة القيمة وعاجزة إذا فقدت ميزة الإلتزام. (السحمراني، 1988).

وقد دعا الإسلام إلى احترام المواثيق والوعود التي يأخذها المسلم على نفسه ويبر بها وجعل رسول الله صلى الله عليه وسلم من آيات النفاق خلف الوعد.

ثانياً: المصدر القائم على التشريعات والقوانين والأنظمة:

تعد التشريعات والقوانين والأنظمة المعمول بها مصدراً مهماً من المصادر الأخلاقية فهي تحدد للموظفين في مهنة التعليم الواجبات الأساسية المطلوب منهم تنفيذها والتقيد بها ويقصد بهذه التشريعات دستور الدولة المعمول بها، وكافة القوانين المنبثقة عنها. (غوشة،1983).

أما في الأردن فإن واجبات الموظف التي نص عليها الدستور تقوم على أساس أخلاقيات مهنة التعليم، فقد نصت المادة "43" من نظام الخدمة المدنية رقم "1" لسنة 1988 على أن:

1. يقوم الموظف بنفسه بمتطلبات الوظيفة التي يشغلها، وأن يكرس جميع أوقات الدوام الرسمي لعمل منتج، ويجوز التكليف بأكثر من ساعات العمل.
2. أن يتصرف كل موظف في مهنة التعلم بأدب وكياسى في علاقته، برؤسائه وزملاءه ومرؤوسيه، وفي تعامله مع الجمهور، والمحافظة على شرف الوظيفة.
3. أن ينفذ المتعلم كافة الأوامر والتوجيهات التي يصدرها إليه رؤساؤه، ويؤدي واجباته بدقة وبنشاط وسرعة وأمانة، وأن يراعي التسلسل الإداري في الاتصالات الوظيفية.
4. أن يتوخى في عمله المحافظة على مصالح الدولة، وممتلكاتها، أو أموالها وعدم التفريط بأي حق من حقوقها، وأن يبلغ رئيسه المباشر عن كل إهمال يضر بمصلحة الدائرة "المدرسة".

5. أن يكون عنصر فعال ومنتج ويقدم اقتراحات مفيدة لتحسين طرق العمل, ورفع مستوى الأداء في دائرته.

ثالثاً: العادات والتقاليد والقيم:

يعتبر المجتمع الذي يعيش فيه الفرد, ويتفاعل معه في علاقات متشابكة ومتداخلة مصدراً مهماً من المصادر التي تؤثر في الأخلاقيات المهنية للأفراد الذين يتعاملون ويتعايشون في هذا المجتمع, سواء على مستوى المعلمين معاً, أو على مستوى علاقة المعلم بالمواطنين أو على مستوى تعامل المعلم مع مهنة التعليم.

رابعاً: الأدب التربوي:

هناك الكثير من آراء العلماء التربويين, وأساتذة الجامعات مدونة في الكتب التي تصدر عنهم حول أخلاقيات مهنة التعليم في مجال التربية والتعليم.

أنماط أخلاقيات المعلم في المدرسة:

هناك العديد من الأخلاق التي يجب أن يتحلى بها المعلم ويلتزم بها, وهذا ما جاء متفقاً مع نظرية النمو الأخلاقي لـ"نورمان" 1969، حيث تقوم هذه النظرية إضافة إلى النمو العقلي على شمولية أخلاقيات المعلم في مشاعره وعواطفه ورغباته لأربعة أنماط تتعلق في أخلاقيات المعلم مع طلبته, وزملائه ومع مهنته, ومجتمعه. (غباشة).

وتتمثل هذه الأنماط في ثلاثة أقسام للتربية الأخلاقية كالتالي: (غباشنة)

- النمو الأخلاقي: حيث يبين هذا القسم أربع مراحل يمر فيها النمو الأخلاقي وهي مرحلة ما قبل القيم الأخلاقية, ومرحلة القيم الأخلاقية الخارجية الداخلية ومرحلة القيم الداخلية.

- أما القسم الثاني فيدور حول العوامل المؤثرة في النمو الأخلاقي وهي طبيعة الذكاء باختلاف الجنس "ذكر أو أنثى"، والدين والبيئة الأسرية.
- القسم الثالث يدور حول التربية الأخلاقية التطورية للمعلم، وأساس هذه التربية أن الأخلاق تجمع العيش سوية في المجتمع الإنساني.

ونظراً لأهمية وجوب التزام المعلمين في الأخلاقيات بشتى صورها ومجالاتها، وما أكدت عليه الشريعة الإسلامية الغراء، وسيرة المصطفى - صلى الله عليه وسلم - والأئمة التابعين، وما جاءت به النظريات والكتابات الفكرية، والتي جميعها تؤكد على أهمية التمسك بالقيم الأخلاقية، فقد قامت وزارة التربية والتعليم في الأردن، بنشر كتيب عام 1972 م. حددت فيه القواعد الأخلاقية لمهنة المعلم في التربية والتعليم، حيث تضمن هذا الكتيب أخلاقيات المعلم اتجاه مهنته وطلابه وزملائه ومجتمعه، وسنتحدث عن هذه الأخلاقيات بشيء من التفصيل كالتالي:

- **أخلاقيات المعلم تجاه مهنته: (عبدالحميد وآخرون،1983).**

1. أن يختار المعلم مهنته وذلك برضاه ورغبته، فيكون قادراً على تحمل كل ما يوكل إليه أثناء قيامه بها.
2. أن يكون المعلم مليئاً بالمعارف والمهارات والاتجاهات والخبرات اللازمة لممارسته لمهنة التعليم وفق ما تضعه وزارة التربية والتعليم في بلده.
3. أن يسعى المعلم دائماً إلى الاستزداة بالمعرفة والمهارات والخبرات في كل سنه ولا يأخذها بمبدأ الإعادة.
4. أن يكون مخلصاً في عمله، يتحمل المسؤولية التي يعمل فيها ويلتزم بقواعد المهنة في سلوكياته.
5. أن يعتز ويفتخر بمهنته وبالمؤسسة التي يعمل فيها وبقواعد المهنة في سلوكياته.

6. أن يكون طموحاً في مهنته ليصل إلى أرقى مراتبها، والحصول على الامتيازات والعلاوت الفنية وسائر الحقوق التي تعطى لنظرائهم.

7. أن يحافظ على أوقات عمله، وأن لا يتغاضى عن كل ما يضر بمهنته وللمصلحة المؤسسة التي يعمل فيها.

8. أن يحرص دائماً على المواظبة في الدوام وعدم التغيب، والعمل دائماً لصالح مهنته بحيث لا يعمل أعمال إضافية من الممكن أن تخل فيها.

9. أن يقسم قسم مهنة التعليم, ويتخذه شعاراً له طيلة ممارسته لهذه المهنة ويلتزم بالقسم.

● **أخلاقيات المعلم تجاه طلابه: (عبدالحميد وآخرون،1983)**

1. أن يكون الأب لهم، وهم الأبناء.
2. أن يكون القدوة الحسنة لهم، بحيث يمثل الإنسان الصالح لهم ولمجتمعهم.
3. أن يراعي المعلم أنماط تفكير الطلبة، ويتعهدهم بالنمو السوي.
4. أن يلتزم المعلم بالصفات التي تتفق مع المعلم الجيد كالصدق، والنزاهة والاحترام والموضوعية.
5. احترام مشاعر وأحاسيس الطلبة وعدم إيقاع العقوبات الظالمة والإهانات التي تجعلهم موضع سخرية.
6. أن يشجع المعلم طلابه على التعاون بين زملائهم وفي مجتمعهم ومع معلميهم الآخرين.
7. أن ينمّي في الطلبة مبادىء إسلامية وقوميته التي ينتمي إليها، ويشعر بالاعتزاز والافتخار بها.

● **أخلاقيات المعلم مع زملائه المعلمين: (عبدالحميد وآخرون،1983)**

1. أن لا يتدخل في أمور زملائه وعلاقاتهم مع طلبتهم ومع الإدارة.
2. أن لا يعمل على إثارة الفتن بين زملائه المعلمين وينتقدهم بغرض التشهير ونشر الإشاعات عليهم.

3. أن يقدم لهم المساعدة وبالأخص الجدد من المعلمين، وأن لا يسخر منهم.

4. إذا حضر بعض المحاضرات عند زملائه فيكون موضوعياً ويقدم التوصيات التي يراها كما هي.

5. أن لا يسعى لمنافسة زملائه ليشغل منصب أحدهم، وأن لا يحاول أخذ مرتب جراء قبوله مرتب أقل أو عبء دراسي أكثر.

- ● أخلاقيات المعلم حيال المنهاج:

1. أن يراعي المعلم تنفيذ المنهاج دون تحيز لمبدأ معين أو فكر ودون زيادة أو نقصان.

2. أن يتمثل المعلم بالأخلاقيات التي ينص عليها كل ما جاء في المنهاج المدرسي في سلوكياته.

3. أن يراعي المعلم الثقافة العامة للمجتمع والمحلية في تطبيق وتنفيذ بنود المنهاج.

4. أن يحافظ المعلم على اتباع السياسية المنصوص عليها في نقل المناهج المنبثقة من السياسة العامة للدولة.

5. أن يحافظ على الصورة المشرقة للمثل والقيم التي يدعو إليها المنهاج.

6. أن يراعي المعلم الأخلاقيات العامه لمهنة التعليم في تطبيق المنهاج.

7. أن يراعي المعلم فلسفة التربية التي ينبثق منها المنهاج الدراسي.

علاقة المعلم بمدير المدرسة:

تتميز العلاقات الإنسانية بشكل عام في المؤسسات التربوية بالرفعة ويسودها الإحترام المتبادل القائم على حق كل عنصر فيها التعبير عن ذاته في حدود الأخلاقيات العامة المنبثقة عن أسس التعامل الأخلاقي في المدرسة.

وللمدرسة خصوصية في رفعة العلاقات الإنسانية فيها، حيث تعتبر بيئة مصفاة وللمعلم علاقة مميزة مع مدير المدرسة ويجب أن تكون كالتالي:

1. أن يحترم القرارات الصادرة عن مدير المدرسة ويتمثلها ويساعد على تفعيلها.
2. أن تتميز عملية الاتصال بين المعلم والمدير بالاحترام والتقدير المبني على مكانة كل منهما.
3. أن يميز المعلم بين العلاقة الرسمية التي تربطه بالمدير مع العلاقة الشخصية وألا تكون أي أثر للعلاقة الشخصية على العمل الرسمي.
4. أن لا تنعكس علاقة المعلم بالمدير على الطلبة.

● **أخلاقيات المهنة لمدير المدرسة:**

ومن أخلاقيات المدير ما يمكن أن نختصره فيما يلي:

1. احترام وجهات النظر التي يقدمها المعلمون في مؤسسته التي يديرها.
2. الحث على العمل بروح الفريق، والتأكيد على الأعمال الجماعية.
3. أن يقوم على بناء علاقات حميمة مع من يرأسهم قائمة على التواضع والاحترام والتقدير.
4. أن يكون القدوة للمعلمين في القيام بكل الأمور التي تتطلب من الهيئة التدريسية القيام بها خارج نطاق التعليم.
5. أن يتصف بالعدالة والمشورة في الأمور المتعلقة بالنظام المدرسي.
6. أن يسهل عمليات التفاعل بين المعلمين وطلبتهم.
7. أن يهيء الفرصة للمعلمين بإجراء البحوث والدراسات التي تزيد من فاعلية النظام المدرسي.
8. أن يكون له علاقات قوية مع المجتمع الذي ينتمي إليه وتنتمي إليه المدرسة.

ومن بين الأخلاقيات الضرورية لمدير المدرسة على سبيل المثال: (عمر،1990).

أولاً: الأمانة: فقد أمر الإسلام بالأمانة وحث عليها قال تعالى: إن خير من استأجرت القوي الأمين سورة القصص آية 26.

ثانياً: الاستقامة: حيث جعلها الإسلام من أخلاق المسلم وجزءاً لا يتجزأ من عبادته ومظهراً من مظاهر التزامه قال تعالى "إن الذين قالوا ربنا الله ثم استقاموا تتنزل عليهم الملائكة ألا تخافوا ولا تحزنوا" سورة فصلت آيه30.

ثالثاً: الوفاء بالعهود والعقود: إذ أوجب الإسلام على الإنسان أن يحترم كلمته ويبر بوعوده وقد اعتبر الذي ينقض عهده منافقاً لقوله تعالى "يا أيها الذين آمنوا أوفوا بالعقود" المائدة آية 1.

رابعاً: الصدق: حيث يعتبر الصدق ميزان لرقي الأمم والشعوب في القول والعمل فعندما يكون الموظف صادقاً والتاجر والعامل والمعلم والمدير ينتشر الصدق ويصبح طابعاً غالباً في حياة الناس.

الوحدة التاسعة

أخلاقيات مهنة التعليم

في المجتمع المحيط

أخلاقيات مهنة التعليم في المجتمع المحيط

مقدمة:

قبل الحديث عن هذا الموضوع حول أخلاقيات مهنة التعليم في المجتمع المحيط لا بد من الرجوع إلى خلفيات الباحثين السابقين، فيما يتعلق بأخلاقيات المهنة، فما تزال الدراسات الأخلاقية تنحى نحو محاولة فهم وتفسير سلوكات المتعلمين والمجتمعات وتصرفاتهم لإبراز مكوناتها، والكشف عن أسبابها والوقوف على عللها، وكيفية أن تكون في التجمعات البشرية.

وأن الظواهر الأخلاقية الإجتماعية التي تشكل وجه من أوجه الواقع، تجمع داخلها أشكالاً مختلفة تتفاعل في ما بينها لتحقيق البعد الأخلاقي للتفاعل الإجتماعي خاصة في محيط العمل في مهنة التعليم عن طريق الملاحظة المتجددة لواقع العملية التعليمية التي يمارسها المعلم في المدرسة، وأثار هذه الأخلاقيات في تشكيل سلوك الأفراد المتعلمين.

وإن المبادىء والمعايير المعبرة أساساً عن سلوك أفراد مهنة معينة، متعهدين بالالتزام بها، وتبلغ الأخلاقيات المهنية شدتها عندما تقف في وجه أنانية الفرد، وعند التغلب على الضغوط الخارجية لإظهار الحقيقة بطريقة واعية ومسؤولة.

والأخلاقيات المهنية هامة جداً باعتبارها توجيهات ذاتية لقرارات الفرد في مختلف المواقف والمعضلات التي يواجهها في العمل المهني، كما أن هذه الأخلاقيات المترف بها تتطور حتى تصبح قواعد للعمل والتعامل في محيط العلاقات القائمة بين الأشخاص ويعطونها اعتباراً وتقديراً خاصاً.

وفي هذا البحث الذي ينطلق في جوهره عن أخلاقيات مهنة التعليم، لا بد وأن يسطر تعريفاً لهذه الأخلاقيات على أنها كافة السلوكات القيمية والحسنة التي يتصف بها ممارسوا مهنة التعليم، والمتصلة بالعمل مباشرة سواء كانت

اجتماعية أم اقتصادية أم دينية والتي تشكل في مضمونها القواعد الأخلاقية للمعلمين في أفعالهم وأعمالهم. (طهراوي،1996).

في هذا الموضوع سوف أعتني بالتعليم والمعلم والمهنة وأخلاقيات كل منهما. فكل إنسان يتعلم من خلال وسائط مساعدة، وكل إنسان معلم ليتعلم ذلك لأن الحياة هي المعرفة وحياة الإنسان تعلم الذين يتصلون بها. لكن الاهتمام هنا ينحصر في أسلوب التعليم في المدارس، والعامل الخطير في هذا الأسلوب وهو المعلم في حجرات التدريس ضمن أوقات محددة ومستوى إمكانات الطلاب ومدركاتهم، والأهداف الخاصة بالتعليم.

وفي هذا المجال قد طرح أسئلة، التي من خلالها قد نتوصل إلى ما يطمح إليه هذا البحث:

- ما هو التعليم؟ وما هي مهنة التعليم؟ وما هي أهميتها؟
- ما هو دور المعلم الذي يؤديه؟
- ماهو مشاعر الرضا وخيبة الأمل بالتعليم؟ لماذا يدخل المعلم مهنة التعليم؟ بمعنى ما هي وظائف المعلم؟ ما هي أخلاقيات مهنة التعليم في المجتمع المحيط؟ ما هي البنود لهذه الأخلاقيات؟ ما هي أخلاقيات المعلم مع المجتمع؟

ماهية التعليم:

إن التعليم وجوه عديدة والمعلم يمثل عدة أشخاص فالتعليم وسيلة للشرح والتوضيح ولكن القليل يمكن تعليمه بهذا المعنى. فالتعليم هو "الانتظار" ولكن هناك وقت للعمل، والتعليم هو مقاييس ومعايير فرضت خارجياً ولكن أفضل المعايير والمقاييس هي التي تصنع ذاتياً" (واريل،1968).

والتعليم من منظوري "هو عبارة عن مجموعه الممارسات التي يقوم بها شخص معين يدعى المعلم، والتي من خلالها يقوم على نقل ما في ذهنه إلى المتعلمين

بقصد الإشباع لهم بالكم الهائل من المعرفه "TEACHING"، ولكن هذا المفهوم أصبح يتطور إلى أن ما يسمى بالتدريس الذي يقوم على أساس جملة الأنشطة التي يمارسها المعلم داخل الغرفة الصفية أو الموقع التعليمي بقصد إثارة المتعلمين وجعلهم دائماً متفاعلين منتجين للمعرفة.

وبعد أن انتقل التعليم من مصطلح النقل للمعارف من الكبار إلى الصغار وأن دور المعلم وعمله كامن في التنظيم لهذه المعارف ونقلها في ظروف مناسبة وبعد أن أقدم المربين في الآونة الأخيرة على تعريف التعليم بأشكال متعددة ومنها: (زيتون،1991).

- التعليم نشاط يقوم به المعلم لتيسير التعلم لدى الطلاب.
- التعليم هو نشاط مقصود من قبل المعلم لتغيير سلوك طلابه.
- التعليم هو إحداث تغيرات معرفية ومهارية ووجدانية لدى المتعلمين.
- التعليم عملية تفاعل اجتماعي لتطوير معارف ومهارات وقيم واتجاهات الطلاب.
- التعليم هو تفاعل معقد بين المعلم والمتعلمين لتحقيق الأهداف التربوية.
- التعليم نظام يتكون من مدخلات وعمليات ومخرجات.
- التعليم جهد مقصود لمساعدة الآخرين على التعلم.
- التعليم هو تزويد الطلبة بالمعلومات أو المهارات.

إن جميع التعريفات تتوافق مع ماهية التعليم، ولكن ليس المهم هنا أن نضع تعريفاً شاملاً جامعاً للتعليم، ولكن الأهم أن نفهم أن هذه العملية من الضخامة والاتساع ينبغي صرف النظر عن الصياغات والتعريفات إلى المهمات والعمليات، التي تحقق بصورة إجرائيه الأهداف التربوية، وتحقيق النمو الشامل المتكامل للمتعلم والنمو الإجتماعي والاقتصادي والسياسي للمجتمع.

وجميع هذه التطورات المتتالية في عملية التعليم ستضيف يوماً بعد يوم

أبعاداً جديدة لمفهوم التعليم، فهو عملية إجتماعية ملتصقة بالمجتمع وطالما ظلت هذه المجتعات متطورة ومتغيرة فظل مفهوم التعليم ديناميكياً مغيراً.

مهنة التعليم في المجتعات: (وزارة المعارف،1998).

يرى الكثير من علماء الإجتماع أن معنى المهنة يتحدد من خلال مجموعه من الشروط، التي إذا توافرت أغلبيتها في نشاط معين يقوم به جماعة من البشر، فإنه ينظر إلى هذا النشاط على أنه مهنة، من أهم تلك الشروط:

1. وجود كفايات مهنية محددة ينبغي توافرها لدى أعضاء المهنة.
2. وجود مؤسسات تعنى بالتأهيل المهني وإكساب الأعضاء الكفايات المهنية المطلوبة.
3. وجود دراسات وتدريبات بغرض النمو المهني في أثناء العمل.
4. وجود أخلاقيات مهنية تفيد الإنتساب للمهنة أو الخروج منها.

وعند استعراض هذه الشروط، نجدها جميعاً تنطبق على مهنة التعليم، فهناك بعض الكفايات المهنية المحددة التي ينبغي توافرها في كل معلم يمارس مهنة التعليم وهناك كليات ومعاهد هي التي تتولى عملية الإعداد للمعلمين وتدريبهم وتأهليهم ولا تنسى الدراسات التي تمارس أثناء التعليم، وأثناء الخدمة، وهذه البرامج التدريبية هدفها رفع كفاية المعلم، وتطوير هذه المهنة، سواء في البحوث الجامعية أو في الوزارة المسؤولة عن مهنة التعليم.

أما الشرط الأخير الذي ينادي بوجود أخلاقيات للمهنة، تقيد سلوك العاملين فيها وانضمامهم وانسجامهم, وعلاقاتهم ببعضهم وبالآخرين من خارج المهنة.

وبعد أن استقر الرأي على أن التعليم أو التدريس مهنة، فلا بد أن ذلك قد أتى بعد الفهم الحقيقي لماهية التعليم كما تحدثنا عنه سابقاً، ومراحل التطور في

تقديم تعريفه، وفهم البشرية لمفهوم التعليم الحديث شجعهم على الالتحاق بمهنة التعليم.

ولكن طبيعة هذه المهنة التي ارتبطت بالمعلم وعلمه، تختلف عن أي مهنة أخرى من المهن كالطبيب والمهندس، لأن العامل يتعامل مع إنسان له عقل، قابل للتغذية العلمية، وذات نفس لا بد من صقلها بالمعرفة وذات طباع لا بد من أن يهذبها بالأدب، وذات جسم لا بد وأن يقويه بالرياضة وذات ذوق ولا بد أن يربيه بمزاولة الفنون وأوجه النشاط الجيد.

أهمية مهنة التعليم في المجتمع: (عبدالحميد وآخرون،1983).

يعتبر التعليم رسالة بالغة الأهمية، إنها توظف الجزء الاكبر من ميزانية الدول، وتوظف قطاع كبير من القوى البشرية المتمثلة في المعلمين والإداريين من أجل استثمارها بشكل يعطي أكبر عائد على المجتمع، ويتمثل هذا العائد في تحقيق الأهداف العامة للمجتمع وإعداد أفراده بشكل يجعل منهم مواطنين صالحين مؤهلين للقيام بدورهم في تنمية حياته اقتصادياً وتنبع أهمية مهنة التعليم من ما يلي:

1. إنها وسيلة الأنبياء والمربين في إخراج الناس من الظلمات إلى النور وهدايتهم إلى الخير والعمل النافع لصالح للمجتمع.
2. إشعار العامين فيها بشكل مباشر أو غير مباشر بالمكتسبات التي يحققونها من خلالها والتي تتمثل في اكتساب المعلم لاحترام الأجيال التي علمها، واحترام المجتمع المحلي له تقديراً لخدماته، واكتسابه الطمأنينة في العمل، واكتسابه فرص الاستفادة من الخدمات العديدة والتي توفرها المؤسسة التربوية من الضمان الإجتماعي والصحي وتعليم أبناءه.
3. إنها وسيله لتقدم المجتمعات وبلوغها إلى أعلى المستويات إذا أحسن الإهتمام بهذه المهنة المحترمة.

4. إنها وسيلة لها دورها في التقدم الحضاري للمجتمعات من أجل المحافظة والتجديد.

أدوار المعلم التي يؤديها أو قد يمارسها للتعبير عن مشاعر الرضا له:

(عبدالحميد وآخرون،1983)

وضمن حدود مهنة التعليم التي يمارسها المعلم، هناك بعض الأدوار التي يمارسها المعلم داخل الغرف الصفية أو خارجها من أجل التوافق مع مهنته كمعلم وهي:

1. **المعلم مرشد لأبناء مجتمعه داخل وخارج المدرسة:**

إن المعلم هو مرشد في رحلة المعرفة، فهو يعتمد على تجاربه وخبراته، وذلك أنه يعرف الطريق والمسافرين، ويهتم اهتماماً بالغاً بهم وبتعليمهم وهذه المقولة لأحد التربويين الذي يقول فيها عن المعلم كمرشد:

"أنت سيدي ومرشدي، منك وحدك تعلمت الأسلوب الفاضل الذي أكسبني شرفا".

2. **المعلم مربّ لأبناء مجتمعه:**

إن المعلم يعلم وفقاً للمفهوم القديم للتعليم، فهو يساعد الطالب على تعلم أشياء لم يعرفها، ويساعده على تعلمها وفهمها. ولكن هذه المحاولة هي تحط من قدر التعليم لأنها طريقة قديمة. وما يقوله أحد التربويين في هذا المجال عن العمل المرب: "أنه لماهر ذلك الذي يستطع أن يجد مخرجاً حيث لا يوجد مخرج".

3. **المعلم مجدد جسر بين الاجيال، داخل المجتمع المحيط:**

فهو يترجم تجارب الإنسان إلى عبارات لها معنى بالنسبة للطالب، فهناك

ثغرة واسعة بين الأجيال، ثغرة تأخذ بالاتساع على مر الزمن، وواجب المعلم سد هذه الثغرة ومن أهم ما قاله التربويين في هذا المجال في المعلم المجدد:

قليلة هي المجهودات التي تفوق مجودات المترجم للإفضاء إلى التواضع، وهو الذي يحاول نقل الجمال، والجمال غير قابل للنقل".

4. المعلم قدوة ومثل لأبناء مجتمعه المحيط به:

ومن أدوار المعلم كونه مثلاً وقدوة لطلابه، ولكل الذين يفكرون به كمعلم وقد يميل الشعور بالمعلم نحو عدم الإطمئنان بالنسبة لدوره، وصولاً إلى التفكير الذي يراعي حقوق الآخرين، ويقول "تورو" في المعلم القدوة والمثل: "الناس يؤمنون بما يرون فدعهم يروا" المعلم باحثاً، إنساناً يطلب المزيد من المعرفه ويقدمها لأبنائه.

5. إن المعلم رجل باحث:

يسعى وراء المعرفة وهذا الدور هو أكثر لياقة وملاءمة من كل الأدوار السابقة للمعلم، ويقول صموئيل في المعلم الباحث:

"الفضول، إحدى الصفات الملازمة للإنسان المفكر المتوقد الذكاء، والتوغل في حقول المعرفة، الذي يتيح إمكانات ومجالات جديدة ويولد دوافع جديدة للتقدم الأوسع نطاقاً".

6. المعلم ناصح أمين وصديق حميم لكل أبناء المجتمع:

إن هذا الدور يعتبره البعض التدخل في حياة الناس، ولكن هنا الدور يكمن في المساعدة على اتخاذ القرار.

7. **المعلم مبدع، ومحفز على الإبداع:**

فهو الذي يهيء عملية الإبداع ويطلقها. فيقول "بريدجز" في المعلم المبدع "وأنا أيضاً سأفعل شيئاً وأجد اللذة في فعله ومع أن الغد يبدو كأضغاث أحلام تذكر عند اليقظة".

8. **المعلم خبير، وإنسان عارف:**

حيث أن المعلم يعرف بمعنى أن يكون المعلم واسع المعرفة، فلا يقتصر على ما يراد تعليمه، فيقول أحد الفلاسفة الفارسيين في الحكيم. "الحكيم من يدري ويدري أنه يدري، فاتبعوه".

9. **المعلم مصدره إلهام للرؤيا:**

فهو يوصي بمظهر العظمة لطلابه، فهو يدرك طاقاتهم على اختلافها كثير، ويدرك بأن التعليم الأفضل هو الوسيلة لاستنباط أفكار الطالب وإطلاقها وتطويرها.

10. **المعلم يصنع الروتين:**

وهذا الدور مرهق، فإذا لم يقم بهذه الأعمال بصورة جيدة أو أهملها فقد تضعف فاعليته في الأعمال الأخرى التي يؤديها فيقول "لمّا يتخلل الروتين ويخترق المجتمع آلت الحضارة إلى الزوال".

11. **المعلم رجل متنقل:**

يساعد على ترك ما هو قديم لكي يختبر الجديد، والمعلم بهذه الصفة يسعى جاهداً لمعرفة العادات والمعتقدات التي يتمسك بها كل طالب، والتي تعرقل تقدمه فيساعده على التخلص منها.

12. المعلم ممثل:

وذلك كون المعلم مستعد لعمله ومرتدي ثياباً تتناسب مع عمله ويدرك كل مشكلاته أثناء العمل، فهو كالمسرح.

13. المعلم مصمم:

فهو يخلق مناظر في الغرفة الصفية تثير أحاسيس الطلاب بصورة كافية، ويضع التصاميم التي تساعده على تعليم المادة للطلبه.

14. المعلم باني مجتمعه:

فقد يمتلك المعلم الصفات والمبادىء التي تؤهله لمواجهة المسؤوليات كمعلم وكمواطن فهـو يعلم ما يحتاجه مجتمعه.

15. المعلم طالب علم ومعرفة:

إنسان يواجه الحقيقة ويتعلمها من خلال نفسه وطلابه.

16. المعلم مقوم:

وهذا الدور يعتبر من أكثر جوانب أدوار المعلم تعقيداً، وذلك لأنه يتضمن كثيراً من العلاقات والجذور الإجتماعية والعوامل الأخرى التي لا معنى لها. والمعلم المدرس الحساس، يقيّم باستمرار ويقدّر إمكانات الطلاب ويصنفهم وفقاً لاستجابة كل واحد منهم للتعليم والتحصيل، ولا نجهل احتمال أن يرتكب المعلم خطأ في الحكم.

17. المعلم مخلص ومنقذ ومسبب لبلوغ الذروة من أجل إحداث التغير في مجتمعه وتقدمه:

وكل هذه الأدوار التي من الممكن أي معلم أن يمارسها في تنفيذه لعملية التعليم يمارسها على التلاميذ في الغرفة الصفية أو خارجها.

وظائف المعلم التي يمارسها في تعليم مجتمعه "لماذا يدخل المعلم في مهنة التعليم (عبدالحميد وآخرون،1983).

في الحقيقة إن كل إنسان يقدم على أي سلوك، لابد وأن يكون عنده بعض الطموحات أو الحاجة لشيء، فقد يقدم المعلم على مهنة التعليم وذلك من أجل هدف أسمى نابع من معاني الإنسانية، فمن الوظائف التي يقوم بها المعلم ما يلي:

1. الشفقة على المتعلمين، وأن يجريهم مجرى بنيه، وأن لا يدع من نصح المتعلم شيئاً، وذلك بأنه يمنعه من التصدي الرتبة في التعليم قبل استحقاقها وأن يزجره عن سوء الأخلاق بالتعريض ما أمكن.

2. ينبغي أن يكون المعلم عاقلاً، ذا دين، بصيراً برياضة الأخلاق، حاذقاً بتخريج الصبيان وقوراً رزيناً بعيداً عن الخفه والسخافة.

3. التدرج بالمتعلم في المراحل المعرضة وفقاً لإمكاناته وقدراته، ومراعاة فهم المتعلم ومستوى نضجه الذهني.

4. المعلم أداة كشف عن علاقة الأبناء بمجتمعهم وبأولياء الأمور عن طريق متابعته لهذه الأمور.

5. زجر المعلمين عن سوء الأخلاق، وعدم تقبيح العلوم التي يتعلمونها أقرانه الآخرين، والتحلي بصفات المربي من أجل خلق مجتمع متكامل وريادي.

6. القدرة على توجيه المتعلمين توجيها مهنياً مناسباً لذكائهم وقريحتهم وفردية كل منهم.

7. تخطيط التدريس والذي يشمل التحضير للدروس والتصميم للخطط والمواقف والعمل على تنفيذها.
8. الإدارة الصفية من خلال عمليات ضبط النظام وتركيز الإنتباه وإثارة دافعية المتعلمين.
9. نقل القيم والعادات والمثل العليا التي يطمح إليها المجتمع من خلال المواقف.
10. الإرشاد والتوجيه من خلال التعاون مع المرشد الطلابي، وتقديم المشورة والمعلومات للطلاب لاختيار المسار التعليمي، بما يتفق مع مصلحة المجتمع والوطن.
11. الدراسة والبحث والنمو المهني من خلال ما يجريه على المتعلمين والاستراتيجيات وعلى المناهج للمساهمه في إنجاح مسارات التعليم.

أخلاقيات مهنة التعليم في المجتمع المحيط: (مكتب التربية العربي،1405هـ)

لقد سبق وأن أشرت في هذا البحث إلى أن أي مهنة لا بد لها من أخلاقيات تنظم السلوك العام لأعضاء المهنة بعضهم مع بعض، ومع غيرهم من العاملين في مجالات المهن الأخرى، وكما أن هناك أخلاقيات لمهنة الطب، وأخرى لمهنة الصيدلية، وأيضاً لمهنة القضاء، وأيضاً لا بد من وجود أخلاقيات لمهنة التعليم.

وقد صدر في عام 1405هـ إعلان مكتب التربية العربي لدول الخليج لأخلاقيات مهنة التعليم "ويتكون هذا الإعلان من عشرين بنداً ما يخص أخلاقيات مهنة التعليم في المجتمع المحيط".

أولاً: التعليم مهنة ذات قداسة خاصة توجب على القائمين بها أداء حق الإنتماء إليها إخلاصاً في العمل وصدقاً من النفس والناس، وعطاء مستمراً لنشر العلم والخير والقضاء على الجهل والشر في المجتمع المحيط به.

ثانياً: اعتزاز المعلم بمهنته وتصوره المستمر لرسالته، ينأيان به عن مواطن الشبهات، ويدعو أنه إلى الحرص على نقاء السيرة وطهارة السريرة حفاظاً على شرف

مهنة التعليم ودفاعاً عنه، لعكس الصورة الجيدة عن مهنة داخل مجتمعه وأمام المجتمعات الأخرى.

ثالثاً: العلاقة بين المعلم وطلابه صورة عن علاقة الأب بأبنائه، لحمتها الرغبة في نفعهم وسداها الشفقة عليهم البر بهم، وهدفها تحقيق خيري الدنيا والآخرة للحيل المأمولة للنهضة والتقدم.

رابعاً: المعلم يسوي بين طلابه في عطائه ورقابته وتقويمه لأدائهم ويحول بينهم وبين الوقوع في براثن الرغبات الطائشة، ويشعرهم دائماً أن أسهل الطرق وأن بدا صعباً، هو أصحها أقومها وإن الغش خيانة وجريمة لا يلقيان بطالب العلم ولا بالمواطن الصالح.

خامساً: المعلم قدوة خاصة، وللمجتمع عامة وهو حريص على أن يكون أثره في الناس حميداً باقياً لذلك فهو متسمك بالقيم الأخلاقية والمثل العليا يدعو إليها ويبثها بين طلابه والناس كافة ويعمل على شيوعها واحترامها ما استطاع.

سادساً: المعلم أحرص الناس على نفع طلابه ببذل جهده كله في تعليمهم وتربيتهم وتوجيههم ويدلهم بكل طريقة على الخير ويرغبهم فيه ويبين لهم الشر ويذودهم عنه في إدراك كامل مجدداته أعظم الخير ما أمر اللـه ورسوله به وأن أسوأ الشر هو ما نهى اللـه أو رسوله عنه.

سابعاً: المعلم ساعٍ دائماً إلى ترسيخ مواطن الاتفاق والتعاون والتكامل بين طلابه تعليماً لهم وتعويداً على العمل الجماعي والجهد المتناسق وهو ساعٍ دائماً إلى إضعاف نقاط الخلاف وتجنب المؤمن فيها ومحاولة القضاء على أسبابها دون إثارة نتائجها.

ثامناً: المعلم موضع تقدير المجتمع واحترامه وثقته هو ذلك حرص على أن يكون في مستوى هذه الثقة وذلك التقدير والاحترام يعمل في المجتمع على أن يكون

دائماً في مجال معرفته وخبرته دور المرشد والموجه عنه إلا ما يؤكد ثقة المجتمع به واحترامه له.

تاسعاً: تسعى الجهات المختصة إلى توفير أكبر قدر ممكن من الرعاية للعاملين في مهنة التعليم بما يوفر لهم حياة كريمة تكفلهم من التماس وسائل لا تتفق وما ورد في هذا الإعلان لزيادة دخلوهم أو تحسين ماديات حياتهم.

عاشراً: المعلم صاحب رأي وموقف من قضايا المجتمع ومشكلاته بأنواعها كافة ويفرض ذلك عليه توسيع نطاق ثقافته وتنويع مصادرها والمتابعة الدائمة للمتغيرات الاقتصادية والاجتماعية والسياسة ليكون قادراً على تكوين قادراً على تكوين رأي ناضج مبني على العلم والمعرفة والخبرة الواسعة يعزز مكانته الإجتماعية ويؤكد دوره الرائد في المدرسة وخارجها.

الحادي عشر: المعلم مؤمن بتميز هذه الأمة بالأمر بالـمعروف والنهي عن المنكر وهو لا يدع فرصة لذلك دون أن يعبر فيها لهذه الفريضة الدينية وتقوية لأوامر المودة بينه وبين جماعات الطلاب خاصة والناس عامة وهو ملتزم في ذلك بأسلوب اللين في غير ضعف والشدة في غير عنف يحدوه إليهما وده لمجتمعه وحرصه عليه وإيمانه بدوره البناء في تطويره وتحقيق نهضته.

الثاني عشر: المعلم يدرك إن الرقيب الحقيقي على سلوكه بعد اللـه سبحانه وتعالى ضمير يقظ ونفس لوامه وإن الرقابة الخارجية مهما تنوعت أساليبها لا ترقى إلى الرقابة الذاتية لذلك يسعى المعلم بكل وسيلة متاحة إلى بث هذه الروح بين طلابه ومجتمعه ويقرب بالاستمساك بها في نفسه المثل والقدوة.

الثالث عشر: المعلم في مجال تخصصه طالب علم وباحث عن الحقيقة لا يدخر وسعاً في التودد من المعرفة والإحاطة بتطورها في حقل تخصصه تقوية لإمكاناته المهنية موضوعاً وأسلوباً ووسيلة.

الرابع عشر: يسهم المعلم في كل نشاط يحسنه ويتخذ من كل موقف سبيلاً إلى تربية قويمة، أو تعليم عادة حميدة إيماناً بضرورة تكامل البناء العلمي والعقلي والجسمي والعاطفي للإنسان من خلال العملية التربوية التي يؤديها المعلم.

الخامس عشر: المعلم مدرك أن تعلمه عبادة وتعليمه للناس زكاة، فهو يؤدي واجبه بروح العابد الخاضع الذي لا يرجو سوى مرضاة الله سبحانه وإخلاص من المؤمن أن عين الله ترعاه وتكلؤه وأن قوله وفعله كله شهيد له أو عليه.

السادس عشر: الثقة المتبادلة واحترام التخصص والأخوة المهنية هي أسس العلاقات بين المعلم وزملاؤه وبين المعلمين جميعاً والإدارة المدرسية المركزية ويسعى المعلمون إلى التفاهم في ظل هذه الأسس فيما بينهم وفيما بين الإدارة المركزية حول جميع الأمور التي تحتاج إلى تفاهم مشترك أو عمل جماعي أو تنسيق للجهود بين مدرسي المواد المختلفة أو قرارات إدارية لا يملك المعلمون اتخاذها بمفردها.

السابع عشر: المعلم شريك الوالدين في التربية والتنشئة والتقويم والتعليم لذلك فهو حريص على توطيد أواصر الثقة بين البيت والمدرسة، وإنشائها، إذا لم يجدها قائمة وهو يتشاور كلما اقتضى الأمر مع الوالدين حول كل أمر يهم مستقبل الطلاب أو يؤثر في مسيرتهم العلمية.

الثامن عشر: يؤدي العاملون في مهنة التعليم واجباتهم كافة ويصبغون سلوكهم كله بروح المبادئ التي تضمنها هذا الإعلان، ويعملون على نشرها وترسيخها وتأصيلها والإلتزام بها بين زملائهم وفي المجتمع بوجه عام.

المعلم والمجتمع: (دليل المعلم، 1418هـ):

يختلف دور المعلم عن أدوار أصحاب المهن الأخرى، فهو يقوم بتواصل مستمر لفترة زمنية طويلة مع أفراد المجتمع المدرسي، ولكل من الأفراد روافد وجذور في المجتمع المحيط بالمدرسة، مما يضطر المعلم في كثير من الأحيان للتعامل مع والد

لطالب أو جده أو عمه أو خاله أو أخيه، وينظر المجتمع إلى المعلم خلال هذه التعاملات نظرة خاصة مدققة تبحث عن جوانب الصلاح والقدوة فيه وتقيس بمقاييس حساسة ما يخرج عنه من سلوكيات وما يقوم به من تصرفات.

ومن المعروف أن هذه العلاقة التي تحدث بين المعلم. وأُسر طلابه قد تستمر أعواماً طويلة، ولعلنا نذكر كثيراً من معلمينا الذين مارسوا معنا عملية التعليم ، ونشيد بهم ونتزاور معهم من حين إلى آخر، مما يجعلنا ننظر إلى علاقة المعلم بالمجتمع المحلي وبأولياء الأمور نظرة خاصة، وفي هذا المجال سأتناول هذه العلاقة بشيء من التفضيل.

أ. المعلم قيادة فكرية:

في الحقيقة إن توزيع المهام التدريسية على المعلمين يفرضها الطلاب بعينهم، فالطالب لا حيلة له في اختيار المعلم الذي سيدرسه، كذلك أولياء الأمور وعلى ذلك فإن أفراد المجتمع لا يختارون معلماً بعينه ليتعاملوا معه، ولا يملكون فرصة هذا الاختيار في حين إن كل أفراد المجتمعات لديها حرية الاختيار للطبيب والمهندس والمحامي، ومن هذا المنطلق تعتبر المجتمعات المعلمين موضع ثقتها، فنجدهم يجدون الاحترام والثقة من قبل أولياء الأمور. ومن هذه نلاحظ:

1. إن الدور الإجتماعي للمعلم دور بالغ التأثير فهو فرد مؤثر في المجتمع المحلي يقتدي به طلاب الحي، ويقلدونه ويسلكون منهجه، وهنا يدرك المعلم بأن عمله يخرج عن نطاق المدرسة إلى أرجاء البيئة المحيطة، وذلك في الشوارع والمساجد والأسواق والنوادي.
2. إن المعلم يمثل القيادة الفكرية المنطلقة في تأهيله المهني في مؤسسة إعداده، وهذا كله يجعل منه شخصاً قادراً على التنظيم والمناقشة والإقناع، وينال ثقة الآخرين في حل مشكلاتهم.

3. يفرض دور المعلم من هذه النظرة بأن يكون محط أنظار الآخرين بصفة دائمة، مما يتطلب منه الحرص على التحلي بحسن المظهر سواء في الملبس أو السلوك العام كما يفرض عليه اختيار مرافقيه وأصدقائه وأماكن إمضاء وقت فراغه.
4. ومن هذه النظرة نخلص إلى أن المدرسة حلقة وصل في سلسلة تبدأ في المنزل وتمر بالمدرسة وتنتهي بالمجتمع، وطالما ظلت هذه الأطراف مشتركة في الحلقة فإن المعلم يقع عليه دور في قيادة وفكر المجتمع وبالأخص في القدوة في العبادات والسلوك والفكر.
5. والمعلم عندما يقوم بدوره في أخلاقيات مهنته نحو المجتمع المحيط به، فهو لا يخدم المجتمع المحلي والمدرسة فحسب، بل يخدم نفسه أيضاً، فهو يحضى في عمله بالمكانة الإجتماعية والاحترام من جميع فئات المجتمع إضافة إلى رضا اللـه في عمله في قيادة الجماعة نحو طريق الرشاد.

ب. المعلم وأولياء الأمور:

وبعد أن أشرنا إلى العلاقة بين المدرسة والمنزل، سواء فيما يتعلق بدور كل منهما في النمو الدراسي الإجتماعي، والأخلاقي للطلاب، أم بدورهما في تطوير دورها في المجتمع المحلي.

وأستطيع أن أحدد في هذا البحث جوهر العلاقة بالدرجة الأولى في أن المعلم هو الممثل الأساسي للمدرسة، وبين ولي أمر الطالب كونه ممثلاً أساسياً للأسرة، وكل منهما يعد من العوامل الأساسية لنجاح العملية التربوية، وتوطيد العلاقات بينهما أمر ضروري، ويستفاد من هذا التوطيد:

1. تبادل الرأي والمشورة بشأن نمو الطالب ومستوى تحصيله ومدى تقدمه والصعوبات التي تعترض طريقه، وكيفية التغلب عليها، وذلك من خلال زيارة ولي الأمر إلى المدرسة ولقاء المعلم وقد يقتصر الاتصال بينهما هاتفياً.

2. إسهام أولياء الأمور في تدعيم برامج النشاط المدرسي التي تحتاج إلى الخامات أو الإمكانات المادية، والتي يسهل توفيرها من قبل ولي الأمر بحكم طبيعة عمله.

ومن هذه النظرة ينبغي على المعلم أن يمارس أخلاقيات حسنة وأن يهتم بحسن استقبال أولياء الأمور، وأن يتخذ مع الإدارة المدرسية خطوات إيجابية في هذا الصدد.

ولا ننسى التذكير بالزيارة العكسية للمعلم إلى منزل الطالب ولقاء ولي الأمر، التي تظهر اهتمام المعلم بالطالب، وتترك لدى ولي الأمر أثراً طيباً ملموساً.

ج. المعلم وخدمة المجتمع:

إن المدارس المعاصرة هي ليست مجرد مؤسسة لتربية الطلاب وتعليمهم، ولكنها في واقع الأمر، مركز إشعاع ثقافي حضاري، يتعاون مع مراكز مشابهة في مدارس أخرى لنشر كل ما يفيد المجتمع، والعمل على إشاعته بين كافة أفراد المجتمع المحلي ما يلي:

1. تنظيم مسابقات حفظ القرآن الكريم بين أبناء الحي.
2. تنظيم المسابقات الثقافية والفنية والرياضية التي لا تتقيد بأعمار أو قواعد، من أجل توثيق عرية المحبة والترابط بين أبناء الحي.
3. استضافة بعض المحاضرين لإقامة ندوات متنوعة تفيد المجتمع المحيط بالمدرسة.
4. مساعدة الجهات الصحية في التوعية بالتطعيمات وببرامج الرعاية الصحية الأولية.
5. تنظيم نشاطات لخدمة الحي مثل تجسير الشوارع أو إصلاح بعض الطرق أو تجهيز الساحات الخالية للممارسة الأنشطة الرياضية المفيدة للشباب.
6. إقامة مشروع لمحو الأمية وتعليم الكبار بالجهود الذاتية تحت رعاية الجهات المسؤولة.

الوحدة العاشرة

الأسس النفسية

للأخلاق

الأسس النفسية للأخلاق

الأسس النفسية للأخلاق:

طور علماء النفس مفهوم الأخلاق من مصطلح ethics الذي تبناه الفلاسفة على مر العصور، إلى مفهوم الأخلاق بمعنى moral، باعتباره أحد جوانب شخصية الفرد، وقد لاقى موضوع الأخلاق اهتماماً واسعاً من قبل علماء النفس من بدايات استقلال علم النفس عن الفلسفة أواخر القرن التاسع عشر، وتحديداً عام 1879 على يد فيلهيلهم فونت في ألمانيا.

وقد تباينت وجهات نظر علماء النفس لطبيعة الأخلاق وكيفية تشكلها والعوامل المؤثرة فيها ومراحل النمو الخلقي، وفقاً لاختلاف الاتجاهات النظرية التي ينطلق منها هؤلاء العلماء، فالتحليليون وأنصار التعلم الإجتماعي يرون أن الأخلاق نسبية وتتأثر بطبيعة الثقافة التي تسود المجتمع، ولا توجد قواعد علمية ثابتة أو قيم راسخة لكل السلوك الأخلاقي البشري.

أما المعرفيون الذين يعطون دوراً كبيراً للعمليات العقلية والميزات التفاعلية للبشر في المواقف المختلفة، فيرون أن للأخلاق معايير تمثل قواسم مشتركة لكافة بني البشر وأن مبادىء الخير والمساواة تعتبر قيماً عليا لدى الناس.

ويرى توق وزملاءه (2003) أن الأخلاق عبارة عن مجموعة من القوانين التي دونت من قبل الفرد والتي تحدد أفعاله الإجتماعية، وتعتبر هذه القوانين مرنه من قبل الأفراد إذا أعطوها وامتثلوا لها لأسباب ودوافع داخلية، وليس لأسباب أو دافع خارجية كالعقاب أو التهديد.

وتمثل الأخلاق ضوابط للسلوك في نظر المربين، إذ يعتبرها الوالدان والمعلمون وأفراد المجتمع عمليات تتحكم بسلوك الأفراد لمنعهم من القيام بأعمال غير سوية، فالأخلاق من وجهة نظر القائمين على تربية الأطفال تمثل الرادع

الداخلي الذي يقف في وجه الفرد في حال دفعته مصالحه الآنية قصيرة المدى للقيام بسلوكات مثل الكذب أو الغش أو السرقة أو ما شابهها من أعمال، وذلك بدافع ذاتي ودون رقابة من أحد أو تجنباً للعقاب بأشكاله المختلفة.

ويقر علماء النفس بأن السلوك الأخلاقي لا يورث، و إنما هو سلوك يكتسبه الأفراد خلال تفاعلهم مع مواقف الحياة رغم اختلافهم حول نسبية أو عالمية بعض مبادئه، ويرون أيضاً إن السلوك الأخلاقي لا يكتسب دفعة واحدة، إنما يتطور بصورة موازية لتطور جميع الجوانب الشخصية للفرد، ويقصد بالنمو الخلقي جملة التغيرات النوعية التي تطرأ على الأحكام الخلقية للفرد أثناء فترة نموه، بحيث يكتسب المبادئ الأخلاقية التي تعمل على تقوية العلاقات الإجتماعية وتعزيز تكيف الفرد مع نفسه، والتصرف وفق معتقداته الخاصة.

وقد أهتم علماء النفس بدراسة ثلاثة مجالات أساسية خلال دراسة القواعد التي تضبط السلوك الأخلاقي وهي:

المجال الأول: فهم الأطفال لقواعد السلوك الأخلاقي:

ماذا كانت السرقة سلوكاً غير مقبول، فإن تقديم هذه القاعدة للطفل على صورة موقف يكون صاحبه في حالة حيرة هل يسرق أم لا نتيجة فقر شديد أو ظرف قاهر. ويطلب من الطفل أن يصدر حكماً فيما إذا كان صاحب الموقف عليه أن يسرق أم لا ولماذا، وتتمحور إجابة الطفل حول تبرير السلوك الذي ينبغي القيام به انطلاقاً من القواعد الأخلاقية التي فهمهما الطفل. ويعرف هذا السلوك بالمعضلات الأخلاقية التي على الطفل الاستجابة لها.

المجال الثاني: مدى التزام الأطفال بقواعد السلوك الأخلاقي:

فرغم إدراك الطفل أن سلوك السرقة سلوكاً غير أخلاقي إلا أنه قد يرتكب هذا السلوك، والمهم في هذا المجال هل يسرق الطفل أم لا إذا أتيحت له الفرصة لذلك، وما هي العوامل التي ستؤثر على قراره القيام بالسرقة أو الامتناع عنها.

المجال الثالث: مشاعر الطفل عقب قيامهم بسلوك ما:

سواء أكان هذا السلوك متفقاً مع القواعد الأخلاقية أو مخالفاً لها، فهل سوف يشعر بالذنب إذا قام بالسرقة أم لا، وهل سيشعر براحة الضمير إذا امتنع عن السرقة رغم حاجته للمال. (الريماوي،1993).

بعض النظريات النفسية التي تناولت السلوك الأخلاقي وتطوره:

1. **النظرية السلوكية Behaviorism Theory:**

يذكر سكنر وهو أبرز علماء السلوكية في كتابة Wolden Two أن السلوك الأخلاقي يحدث بفعل عمليات الثواب الممثلة بالتعزيز وعمليات العقاب، فهو يرى أن السلوك الأخلاقي يخضع لقوانين التعلم كبقية السلوكات، فالسلوك المتعلم هو السلوك الذي يقوى بفعل مثير معزز يتبعه، إما إذا تبع السلوك معير مثير أو لم يتبعه شيء فإن السلوك سيضعف، لذا يتعلم الطفل السلوك الأخلاقي بفعل عمليات التعزيز الخارجية في البداية ثم الداخلية لاحقاً، ويتعلم أن سلوكاً ما غير أخلاقي إذا تبعه عقاب من نوع ما.

ويركز السلوكيون على أهمية التعزيز والعقاب الذاتيين الداخليين في السلوك الأخلاقي، وذلك لأن الأخلاق ترتبط بسلوك مدفوع ذاتياً دون مؤثرات خارجية، ولكن التعزيز الخارجي ضروري خلال عملية تعلم السلوك الأخلاقي. (الشربيني، 1998).

2. **النظرية التحليلة: Analysis Theory:**

أسس هذه النظرية سيجوند فرويد "freud"الذي يرى أن سلوك الإنسان محكوم بغريزة الحياة التي يمثلها الدافع الجنسي، وغريزة الموت التي يمثلها السلوك العدواني، وتكمن طاقة الحياة فيما أسماه فرويد طاقة "اليبيدو"، والتي هي مصدر

الطاقة التي تدفع الإنسان للحصول إلى اللذة وزيادة المتعة وخفض التوتر المرتبط بالمثير الأخلاقي كالحاجة والنقص والغريزة، ويرى فرويد أن الطفل عبارة عن مجموعه من الدوافع التي ينبغي من أسرته توجيهها لتحقيق التكيف مع المجتمع".

ويرى فرويد أن تمثل السلوك الأخلاقي يحدث بتشكل الضمير عند الطفل بحدود السنة الخامسة من العمر، إذ يتقمص الطفل دور والده أن كان ذكراً، ودور والدته إن كان الطفل أنثى، وذلك في محاولة منه لتلبية احتياجات الأنا الأعلى super ego الذي يمثل قيم المجتمع ومثله العليا. كما أن محاولة الطفل الذكر لحل عقدة "أوديب" نتيجة صراعه مع والده على والدته، وعقدة "الكترا"الناتجة مع صراع الطفلة مع والدتها على أبيها، إن هذه المحاولات تدفع الطفل لاكتساب وتمثل أخلاقيات المجتمع الذي ينتمي إليه. ويرى فرويد أن الطفل في صراعه الناتج من إدراكه لعدم قدرته على مواجهته لوالده جسدياً وخشية الطفل من انتقام والده منه بالخفاء، إن الطفل في هذا الصراع يضطر إلى تقمص شخصية والده والامتثال لأوامره ونواهيه، والتي هي في النهاية تمثل أوامر ونواهي المجتمع، مما يدفع الطفل للتوحد مع النموذج الذكري، الذي يمثل في نظره نموذج القوة والسلطة التي يدرك تماماً أنه لا يستطيع منافستها، والأمر نفسه يحدث مع الطفلة الأنثى مع والدتها ووفق تحليل فرويد فإن السلوك الأخلاقي يحدث عندما يتقمص الطفل معايير والده وبالتالي معايير المجتمع خلال عملية التقمص، ويعتبر الطفل لا أخلاقياً عندما يعجز عن امتصاص هذه المعايير.

إن وجهة النظر الفرويدية لا تحظى بقبول واسع في نظر التربويين، لأنها لا تسمح بتقديم خبرات تربوية منظمة لتوجيه النمو الأخلاقي، كما أن الإمبريقيين من علماء النفس لا يقبلون بالمفاهيم التي جاء بها فرويد نظراً لكونها مفاهيم غير قابلة للتحقق التجريبي أو القياس المباشر.

أما اتباع فرويد والذين يسميهم البعض الفرويديون الجدد، وهم تلاميذ فرويد والمتأثرون بنظريته أمثال يونغ وأدلر وفروم وغيرهم فقد أدخلوا تعديلات

جوهرية على نظريته عموماً وتفسيره للأخلاق على وجه الخصوص، فهم يرون أن خبرات الطفولة المبكرة لها الأثر البالغ في سلوك الفرد لاحقاً، ولكنهم يعطون دوراً كبيراً للبيئة الإجتماعية بدلاً من الدافع الجنسي لدى فرويد، إذ يرون أن تفاعل الطفل مع أفراد أسرته وأقرانه وزملائه في المدرسة والراشدين يدفعه لأن يسلك بطريقة مقبولة لديهم، فهو يكتسب قيم المجتمع وأخلاقياته بفعل خبرات القبول والرفض التي يعايشها مع محيطه الإجتماعي، وقد رأى الكثيرون من علماء النفس الآخرون والمهتمون أن وجهات نظر تلاميذ فرويد أكثر قبولاً ومنطقية من آراء أستاذهم.

3. نظرية التعلم الإجتماعي Social Learning Theory:

تقوم هذه النظرية على فكرة أساسية هي أن السلوك يتم اكتسابه بفعل عمليات الملاحظه والتقليد والمحاكاه، ويرى باندورا وهو أبرز علماء هذه النظرية أن عمليات التقليد تحدث من قبل المتعلم "المقلد أو الملاحظ" لسلوك النموذج بفعل عمليات التعزيز بالإنابة التي يتلقاها النموذج، فيشعر الملاحظ أنه قد حصل بنفسه على التعزيز، كما يشعر الملاحظ بالعقاب إذا حصل النموذج على العقاب، ويضيف باندورا أن التعزيز أو العقاب وحدهما لا يكفيان لتفسير بعض السلوكيات، وإنما يؤثر أيضاً في سلوك الملاحظ عمليات توقع الثواب أو العقاب ودرجة تأثير النموذج وأهميته في نظر الملاحظ ("MILLER ,1,83").

وبالنسبة للأخلاق يرى باندورا وزميله وولترز أن تعلم الأحكام الخلقية يتأثر كباقي السلوكيات بالتعزيز بالإنابة الذي يتلقاه النموذج نيابة عن الملاحظ، كأن يحصل شاب في مشهد تلفزيوني، يشاهده الطفل على مديح وثناء المحيطين به في المشهد نتيجة قيامه بمساعدة رجل كفيف على قطع الشارع، فيشعر الطفل بأنه سيتلقى التعزيز بنفسه إذا قام بنفس السلوك، وفي المقابل فإن الطفل قد يشعر بالعقاب إذا تم توبيخ شخص نتيجة قيامه بالكذب على والدته، فيشعر الطفل بالعقاب إذا قام بسلوك مشابه.

وتظهر ردود فعل الملاحظين للنماذج بشكل واضح في حالة المواقف التي تتضمن مشاهد ذات بعد عاطفي مثل لقاء أطفال مع والدتهم بعد غياب أو ضياع طويل، أو انتصار مظلوم ونيله حكماً عادلاً بعد اضطهاد قاسي، فترى وجوه الملاحظين مبتهجه مسروره وتفيض منها الدموع أحياناً لفرحتهم بما حدث وكأن الأمر متعلق بهم شخصياً.

ويعتقد باندورا وولترز بوجود عوامل أخرى تؤثر في السلوك الأخلاقي ومنها درجة الإنتباه للسلوك ونتائج سلوك النماذج ومعايير الطفل وقيود الراشدين وتوقع العقاب أو المكافأة ودرجة تأثير النموذج". ويؤكد باندورا أن الأفراد يختلفون في الدرجه التي يتعلمون فيها من النموذج، وحدد لذلك ثلاثة عوامل تؤثر في درجة تعلم الفرد من النموذج، وهي: صفات النموذج، وخصائص الملاحظ، ونتائج فعل النموذج.

ويميز أصحاب نظرية التعلم بالملاحظة والتقليد أو التعلم الإجتماعي بين عمليتي التقليد والمحاكاة، باعتبار التقليد يتمثل في تكرار أداء السلوك بنفس الهيئة التي حدث بها، أما المحاكاة فتعني القيام بتكرار السلوك ولكن مع إجراء تعديلات عليه، كما يميزون بين الأداء الأخلاقي فعلياً، أما الكفاية الأخلاقيه فتعني القدرة على أداء السلوك الأخلاقي دون أداءه بالضروره، ووفق مفهوم الكفاية الأخلاقية فإن الطفل قد يؤدي السلوك الأخلاقي في بعض المواقف ولا يلتزم به في مواقف أخرى، وذلك بحسب قدرات الطفل ومعارفه وأهدافه. ورغم ما لقيته نظرية التعلم الإجتماعي من قبول واسع إلا أنها لم تسلم من بعض الانتقادات ويذكر الخطيب ("1988) بعض هذه الانتقادات:

1. لا يزال مفهوم التعلم الأخلاقي غامضاً أكثر من بقية مفاهيم التعلم التي جاءت بها النظرية.
2. إن تفسير النمو الخلقي على أنه سلوك متعلم كأي سلوك آخر، يعني أن التفاوت في المستوى الخلقي بين الأفراد يكمن في عدد الإستجابات المتعلمة لكل فرد منهم.

3. لا يوجد اتفاق واضح بين علماء التعلم الإجتماعي على دلالات مفاهيم العقاب والتعزيز.

4. **النظريات المعرفية Cognitive Theories:**

يرى أبرز المنظرون في مجال النمو الخلقي المعرفي وهما جان بياجيه ولورنس كولبرغ أن الطفل يولد وهو متسم بالخيرية والنقاء وطهارة الجوهر، وأن النمو الخلقي جزء من النمو المعرفي الذي يتأثر أساساً بعملية النضج ضمن سياق الخبرة العامة التي يتعرض لها الطفل، وبهذا يشترك بياجيه وكولبرغ في اعتبارها أن النمو الخلقي يحدث بفعل عمليات التفاعل بين النضج والخبرة ضمن مواقف التفاعل الاجتماعي، كما يشتركان في فكره تقسيم النمو الخلقي إلى مراحل متمايزة وفقاً لتطورهم العقلي.

أولاً: نظرية جان بياجيه:

توصل بياجيه إلى نظريته المعرفية عموماً ونظريته في النمو الخلقي تحديداً باستخدام الطريقة الإكلينيكية "العياديه"، القائمة على الملاحظة الهادفة، وتوفير مواقف يستطيع الطفل التفاعل معها بحرية وعفوية وتلقائية، مع إمكانية طرح أسئلة على الطفل خلال تفاعله دون أن تحمل الأسئلة إيحاءات بالإجابة من أي نوع. (غسان،1982).

وقد لاحظ بياجيه خلال تتبعه لسلوك الأطفال من سن 4 سنوات ولغاية سن 12 سنه خلال قيامهم باللعب الجماعي، كيفية تعامل الأطفال مع الألعاب واستخدامهم لقواعد اللعبة والتزامهم بها، وكان يوجه لهم الأسئلة حول بعض المفاهيم الأخلاقية مثل: الكذب، الغش، السرقة، العدالة. وذلك من أجل معرفة الآلية التي ينظرون بها للقواعد الأخلاقية.

وقد تجنب بياجيه استخدام المقاييس السيكومترية التي تهدف إلى تحويل

الظواهر النفسية إلى قيم كمية يعبر عنها برقم، وذلك لاعتقاده أنها تضع الطفل في جو مصطنع وتقتل العفوية والتلقائية في سلوك الطفل.

ويرى أن الأهم في مقدار الأداء العقلي هو كيفية حدوث هذا النشاط، لذا يعتبر بياجيه أحد أبرز رواد القياس النفسي النوعي. (الزيات،1997)

وقد توصل بياجيه (myers,1995) نتيجة دراساته تلك إلى أن هناك مرحلتان للتفكير الخلقي النوعي هما:

1. **مرحلة الواقعية الأخلاقية:**

وتسود هذه المرحلة لدى الأطفال الذين تتراوح أعمارهم ما بين السنة الرابعة والسنة السابعة وتمتاز هذه المرحلة بالخصائص التالية:

أ.‌   يركز الأطفال على نتائج السلوك ويهملون النوايا والمقاصد، فإذا طرح على الطفل الحادثة التالية:"أن سيدة طلبت من إبنها كأساً من الماء لتشرب، فذهب ابنها "علي" مسرعاً إلى المطبخ ليحضر الماء لأمه فتعثر فكسر ثلاثة أكواب زجاجية، فأحضر كأساً من الماء لأمه ثم عاد ونظف الزجاج المكسور في المطبخ.

وفي المقابل طلبت سيد من إبنها "أحمد" لإحضار كأساً ماء لها لتشرب، فذهب إلى المطبخ متكاسلاً منزعجاً من طلبها، وتعمد كسر كأس واحدة على الأرض ثم أحضر كأساً مملوءة أخرى لوالدته، وجلس يتابع التلفاز. وتم توجيه سؤال الطفل الذي استمع لهذه الحادثة. ما رأيك أي الطفلين يستحق العقاب؟

فإن جواب طفل ما بين الرابعة والسابعة سيكون، ينبغي عقاب الأول "علي" لأنه كسر ثلاث كاسات معاً.

ب. يعتقد طفل هذه المرحلة أن القواعد الأخلاقية ثابتة ولا تتغير، وأنه لا بد من الإلتزام بها، فإذا تعلم الطفل في المدرسة أنه ينبغي المحافظة على الأرض الزراعية وعدم البناء عليها، فإن صدمته تكون شديدة عندما يرى مشروع بناء على أرض زراعية، ويعتقد بضرورة إيقاف هذا لمشروع، دون قبوله لأي مبررات أو استثناءات حتى لو كانت منطقية مثل إن هذا البناء قد يكون خزان ماء لسقاية المزروعات.

ج. يعتقد الطفل في هذه المرحلة بالعدالة المطلقة، وأن من يخالف القانون الأخلاقي لا بد أن يعاقب بقسوة وبشكل فوري، ففي مثال البناء على الأرض الزراعية، يعتقد الطفل بضرورة العقاب لصاحب البناء فوراً وإلزامه بإعادة الوضع كما كان.

2. مرحلة الاستقلالية الأخلاقية:

يعتقد بياجه أن هذه المرحلة تبدأ من سن عشر سنوات، أما الفترة من 7 - 10 فهي مرحلة انتقالية بين المرحلتين الواقعية الاستقلالية. وتكون بدايات المرحلة الانتقالية أقرب إلى الواقعية الأخلاقية أما نهايتها فهي أقرب إلى الاستقلالية الأخلاقية.

وتمتاز مرحلة الاستقلالية الأخلاقية بالخصائص التالية:

1. يركز الطفل على النوايا ومقاصد صاحب السلوك وليس نتائجه، فالخطأ عنده لا يكون بمقدار حجمه وإنما المهم إذا كان متعمدا أم لا.
2. يعتقد الطفل أن القواعد قابلة للتغير، وإنما لا بد أن تكون مقنعة ومتفقة مع ما يراه المجتمع، فالطفل في هذه المرحلة يؤمن بالنسبية ويقتنع بأن السلوك قد يكون مقبولاً في مجتمع ما وأن نفس السلوك قد يكون غير أخلاقي في مجتمع آخر .
3. يعتقد الطفل أن العقاب لا يقع إلا بعد ثبوت الواقعة، وأن هذا العقاب ليس حتمياً، فيؤمن الطفل بضرورة التحقق من ارتكاب الشخص للفعل الخاطئ وإن المتهم بريء حتى تثبت إدانته.

ويشير الريماوي (1993) أن الكثير من الدراسات قد أيدت وجهة نظر بياجيه حول هاتين المرحلتين، وإن هذه المراحل عابرة للثقافات، إذ يمر الأطفال في مختلف الثقافات والبلدان واللغات بهاتين المرحلتين، وأنه بالإمكان إجراء تسريع طفيف لا يتجاوز الثلاثة أشهر لنقل الطفل من المرحلة الأولى إلى الثانية.

ثانياً: نظرية كولبرغ:

تعتبر نظرية لورنس كولبرغ النظرية الأكثر شهره وقبولاً وتأثيراً في مجال النمو الخلقي، إذ كانت النظريات السابقة "التحليلية، والسلوكية، والاجتماعية نظريات عامة تتناول جوانب واسعة في السلوك الإنساني والنمو، وكان الجانب الخلقي أحد هذه الجوانب، أما نظرية كولبرغ فهي متخصصة في جانب النمو الخلقي تحديداً وإن ربطه صاحبها بمجال النمو العقلي.

وقد بنى كولبرغ نظريته استناداً إلى نظرية بياجيه، فتبنى فكرته من حيث وجود مراحل نمائية متمايزة للنمو الخلقي، واعتبره عملية تتم بدلالة تراكيب معرفية وليس باستجابات ظاهرية فحسب، واستخدام لهذا الفرض أسلوباً يقوم على أساس تقديم معضلات أخلاقية (moral dilemmas) على الفرد سواء كان طفلاً أو راشداً، ويطلب إليه الاستجابة لها من خلال مجموعة أسئلة، والدايلاما أو المعضلة الأخلاقية كما قدمها كولبرغ تتكون من موقف افتراضي يشمل شخصاً أو أكثر وعليه أن يتخذ قراراً صعباً ومحيراً، ولا يوجد أجابة نموذجية ولا يوجد حل كامل أو إيحاء لإجابة أفضل من غيرها.

ومن الأمثلة على هذه المعضلات: أن رجلاً فقيراً يدعى "هانز"، أصيبت زوجته بداء عضال، لا مجال للشفاء إلا بدواء من عند أحد الصيادلة الذي اخترعه بنفسه، فذهب هانز واقترض من أصدقاءه وجمع المبلغ المطلوب بصعوبة بالغة، ولكنه تأخر في الذهاب إلى الصيدلي فوجد الصيدلية مغلقة، فعاد في اليوم التالي منذ الصباح الباكر، وانتظره على باب الصيدلية حتى حضر، فسارع إليه قائلاً لقد جئتك

بالمبلغ لمطلوب فقال الصيدلي: إن هذا المبلغ لا يكفي لأن الدواء قد ارتفع سعره هذا اليوم، فتوسل إليه هانز شارحاً له حالة زوجته، لكنه رفض وطلب مبلغاً إضافياً ثمناً للدواء، فطلب إليه هانز أن يريه الدواء من بعيد لكي يطمئن قلبه لحين عودته بالمبلغ المطلوب. فذهب هانز لكن دون جدوى، وتحت ضغط معاناة زوجته وحاجتها الماسة للدواء قرر سرقته في الليل.

وفي الليل ذهب إلى الصيدلية وهي مغلقه وفتح نافذة علوية ودخل منها إلى الصيدلية وتناول الدواء، وخلال خروجه من النافذة ألقى أحد رجال الشرطة القبض عليه أثناء تجوله في دوريه اعتيادية في المنطقة، فتوسل إليه هانز أن يتركه ليوصل الدواء لزوجته شارحاً له تفاصيل القصة كاملة.

الأسئلة:

1. ما رأيك بما فعل هانز؟ ولماذا؟
2. ماذا ينبغي أن يفعل رجل الشرطة؟ ولماذا؟

وبأسلوب المعضلات الأخلاقية قام كولبرغ بعدة دراسات في العديد من الدول والثقافات المختلفة على العديد من الأطفال والمراهقين والراشدين، وتوصل إلي وجود ثلاثة مستويات للنمو الخلقي، يتضمن كل مستوى منها مرحلتين أخلاقيتين على النحو التالي:

المستوى الأول: الاستدلال الأخلاقي ما قبل التقليدي:

ويبني الطفل في هذا المستوى أحكامه الخلقية وفق حاجاته الشخصية، والمرحلة الأولى من هذا المستوى تسمى التوجه نحو العقاب والطاعة، إذ يطيع الطفل الأوامر تجنباً للعقاب، ويقيس الطفل أخلاقية السلوك من عدمه وفق ما يترتب عليه من نتائج، ويكون الخوف هو الأساس للسلوك الأخلاقي لدى الطفل.

أما المرحلة الثانية فتسمى مرحلة التوجه نحو المكافأة الشخصية، إذ ينطلق في أحكامه وفق منافعه الشخصية، ووفق ما يحقق له المكافآت والفوائد ويكون الطمع أساس السلوك الأخلاقي لدى الطفل.

ولا يعتبر المستوى الأول بمرحلتيه جزءاً من السلوك الأخلاقي الحقيقي كونه محكوم بدوافع خارجية (العقاب والثواب) والأساس في السلوك الخلقي هو الدافع الذاتي الداخلي، وذلك وفق الفهم العام للأخلاق لدى علماء النفس والمهتمين. (الوقفي، 1998).

المستوى الثاني: الاستدلال الأخلاقي التقليدي:

ويبين الطفل أحكامه الخلقية في هذا المستوى وفق قبول الآخرين لسلوكه وسعيه لنيل استحسانهم له، وبما ينسجم مع توقعات الأسرة والمجتمع وقيمهما ومصلحة الوطن العليا، والمرحلة الأولى منه تسمى التوجه نحو الولد الجيد والبنت اللطيفة، وهي المرحلة التي يسعى فيها الطفل لأن يوصف من قبل المحيطين وأفراد المجتمع بأنه ولد جيد خلوق أو أنها بنت لطيفه مؤدبه ومهذبة.

أما المرحلة الثانية فتسمى التوجه نحو النظام والقانون، إذ يسعى الطفل إلى احترام قوانين المجتمع واحترام سيادة النظام والقانون والسلطة والنظام الاجتماعي، ويرى الطفل أن القوانين مطلقة وثابتة " (shaffer ,1,85) .

المستوى الثالث: الاستدلال الأخلاقي ما بعد التقليدي:

ويتخلص الفرد في هذا المستوى من قيود السلطة والمجتمع وتصبح له هويته الخاصة في التعامل مع القضايا الأخلاقية، ويعيد تنظيم المبادئ الأخلاقية ويقوم بتحليلها في المواقف والسياقات التي تحدث فيها، وتأخذ النسبية طريقها في نظرة الفرد إلى الأحكام الخلقية، وقد سمى كولبرغ المرحلة الأولى من هذا المستوى بمرحلة التوجه نحو العقد الاجتماعي ويعتقد الفرد فيها أن السلوك الأخلاقي

يتحدد بالمعايير التي اتفق المجتمع عليها، والتي تحدد حقوق الفرد بموجب هذه الاتفاقات العرفية التي توافق عليها أفراد المجتمع.

أما المرحلة الثالثة: والمسماة التوجه نحو المبادئ الأخلاقية العلمية، وفيها يتجاوز الفرد حدود المجتمع الذي ينتمي له، ويتعامل مع المفاهيم العامة المجردة المتعلقة بجميع البشر كالعدالة والكرامة والمساواة والحق والحرية، ويقوم ضمير الفرد مقام الحكم على القضايا العالمية التي يتعامل معها الفرد (shaffer,1,85) ويلخص باترسون (paterson,1,1) مراحل النمو الأخلاقي عند كولبرغ بالجدول التالي:

المستوى	المرحلة	الوصف
الأول: الاستدلال ما قبل التقليدي	1. التوجه نحو العقاب والطاعة 2. التوجه نحو المكافأة والثواب.	طاعة القوانين لتجنب العقوبه. طاعة القوانين لنيل المكافآت.
الثاني: الاستدال التقليدي	1.التوجه نحو الولد الجيد والبنت اللطيفة 2. التوجه نحو احترام السلطة	طاعة القوانين لنيل الاستحسان والمدح. طاعة القوانين لإظهار احترام السلطة.
الثالث: الاستدال ما بعد التقليدي	1. التوجه نحو العقد الاجتماعي. 2. التوجه نحو الضمير.	السلوك الأخلاقي يهدف إلى العمل بطرق تخدم الصالح العام والمحافظة على حقوق الأفراد وفق قيم المجتمع. السلوك الأخلاقي يتم وفق معايير ذوتها الفرد داخلياً.

ويرى كولبرغ أن المراحل الأخلاقية التي وصفها في نظريته تتسم بالثبات وأن تتابع هذه المراحل حتمياً، ويمكن تسريعها أو إبطائها وفق تأثيرات المجتمع وخصائصه الثقافية، وأن أسلوب الفرد في التعامل مع المشكلات الأخلاقية يتم وفق سياق من التفكير المنظم.

تعليم الاخلاق:

أجرى العديد من الباحثين دراسات حول مدى إمكانية تعليم السلوك الخلقي، ومدى إمكانية تسريع النمو الخلقي لدى الأطفال؟

وقد أظهرت الدراسات العديدة التي أجريت أن إمكانية تسريع النمو الخلقي محدودة جداً، لكنها يمكن أن تسهل إنتقال الطفل من مرحلة إلى المرحلة التي تليها، الأمر الذي يؤكد وجهة نظر كولبرغ وبياجيه حول ارتباط النمو الأخلاقي بالنمو المعرفي، وتلعب الأسرة الدور الرئيسي في النمو الخلقي، فالقيم التي يغرسها الآباء المتسلطون بالقلق والخوف الناتج عن التوعد الدائم بالعقاب، تختلف عن القيم التي يغرسها الآباء الودودون بالمحبة والجنان والتوجيه، فبدلاً من أن يتعلم الأطفال تجنب الكذب خوفاً من العقاب يفضل أن يتعلموا أن سلوك الكذب يؤدي إلى شعور الأبوين بالحزن وخيبة الأمل، فينمو الشعور بالذنب لدى الأطفال، والذي يمثل جوهر السلوك الأخلاقي في سن الرشد.

وتقوم النمذجة السوية للتربية الخلقية التي يخضع فيها الراشدون لقواعد السلوك الأخلاقي بنفس الدرجة التي يخضع لها الأطفال بتأثير كبير في التربية الخلقية، فالطفل يعي عندها أن الإلتزام الخلقي ذو طبيعة عامة وذو صيغة عالمية، ويصبح التزام الطفل بهذا السلوك نابعاً من داخل وليس مفروضاً بعوامل خارجية، وتصبح القواعد الأخلاقية قواعد داخلية ثابتة.

الوحدة الحادية عشر

الذكاء الأخلاقي

الذكاء الأخلاقي

كانت نظريات الذكاء التي بدأها سبيرمان sperman عام 1927، تنظر للذكاء على أنه مجموعة من القدرات العقلية، وقد انقسمت هذه النظريات بين من يعتقد أنها تمثل مجموعة من القدرات المترابطة أمثال نظريات سبيرمان وجيلفورد، ومن يعتقد أنها تمثل قدرات مستقلة عن بعضها البعض أمثال ثيرستون، ولكن مع ظهور نظرية جاردنر في الربع الأخير من القرن العشرين حدث ما يشبه الثورة في مجال الذكاء ومفاهيمه.

إذ طور جاردنر وزملاؤه من جامعة هارفرد ما يعرف بنظرية الذكاءات المتعددة theory of multiple intelligences حيث أعتبر جاردنر أن الذكاء لا يتمثل بعدد من القدرات الفرعية المستقلة أو المترابطة، وإنما اعتقد بوجود عدد من الذكاءات المستقلة لدى الفرد، وقال في البداية بوجود سبعة ذكاءات ثم طورها إلى تسعة (gardner,1993).

فقال جاردنر بوجود الذكاءات التالية: اللغوي، المنطق الرياضي الفراغي، الموسيقي، الجسمي الحركي، الشخصي، الاجتماعي، الطبيعي، الوجودي. ووفق منظور جاردنر وأنصاره فإن الذكاء ليس أحادياً، والفرق بين الأفراد ليس في درجة أو مقدار ما يملكون من ذكاء وإنما في نوعية الذكاء، وعليه فقد تغيرت النظرة التقليدية الكمية للذكاء والتي تقوم إلى أساس النظر إلى الناس بأنهم يقعون على خط كمي متصل من الذكاء يمثل مستوى فاعلية قدراتهم العقلية، إنما هم أناس يملكون أنماطاً فريدة من نقاط القوة والضعف في القدرات المختلفة.

وقد فتحت نظرية جاردنر في الذكاءت المتعددة الباب لاكتشاف أنواع جديدة من الذكاء، فظهر الذكاء الإنفعالي كمفهوم جديد عام 1995 على يد جولمان (Goleman)، والذكاء الأخلاقي على يد روبرت كولز (coles Robert) عام 1997، والذي يرى أن الأطفال يطورون هذا النوع من الذكاء من خلال

تفاعلهم الإجتماعي بالقدوة والحوار حول القضايا الأخلاقية، تنمو لديهم القدرة على التعاطف والاحترام والتبادلية والتعاون. (أبو رياش،2006).

ويؤمن جولمان أن بالإمكان تنمية الذكاء الأخلاقي وتطويره مدى الحياة لأنه يعني القدرة على فهم الصواب في السلوك، بمعنى القدرة على إدراك الألم لدى الآخرين والقدرة على ردع النفس عن القيام ببعض النوايا السيئة، والقدرة على السيطره على الدوافع والقدره على الإنصات لجميع وجهات النظر.

(www.allpsych.com//psychology101/moral.htm)

مكونات الذكاء الأخلاقي:

يتكون الذكاء الأخلاقي من سبعة مكونات أساسيه هي: الضمير والعدالة والتمثل العاطفي والرقابة الذاتية والعطف والاحترام والتسامح.(بوربا،2003).

أولاً:الضمير Conscience:

هو الإحساس الداخلي ذي الصوت المرتفع الذي يؤنب صاحبه إذا قام بفعل غير أخلاقي، ويساعد الفرد على التمييز بين الصواب والخطأ، وللضمير القدرة على إيلام الفرد وإشعاره بوجود خلل ما، وهو بمثابة جرس الإنذار المبكر للفرد في حالة ارتكابه فعلاً غير أخلاقي.

وينمو الضمير بفعل عوامل التنشئة الأسرية التي تحترم المعايير الأخلاقية والتي يتعلم الطفل من خلالها النزاهة والاحترام والمسؤولية، في مواجهة ضغوطات الرفاق وهوى النفس ودوافعها ونزواتها للقيام بما هو سيء وغير أخلاقي.

وبإمكان الوالدين والمدرسين تنمية الإحساس بالمسؤوليه لدى الطفل من خلال إشعاره بالكفاءة واحترامهم له عند قيامه بأي سلوك يدل على المسؤولية، فإذا قام الطفل بتأدية واجباته المدرسية لوحده دون مساعدة الوالدين له، فإن كلمات

الأبوين له من مثل: نحن نقدر احساسك بالمسؤولية من خلال تأديتك لواجباتك دون توجيه من أحد، إن هذا يدل على أن لديك ضميراً جيداً وأنك تتحكم بسلوكياتك بنفسك، وما دمت هكذا فلن تحتاج إلى توجيه من أحد.

كما يمكن تفصيل خاصية النزاهة لدى الطفل إذا قام بفعل خاطىء واعتراف للشخص المعني بما فعل فيتلقى عبارات الثناء على فعلته تلك، فإذا قام الطفل مثلاً بكسر لعبة أخيه دون أن يراه أحد، وقام بإخبار والديه وأخيه صاحب اللعبة بأنه هو من فعل ذلك، فإن على الأبوين عدم توبيخه وإنما إخباره أن أعترافه بما فعل يدل على نزاهة ونقاء وحسن خلق، كما يمكن للوالدين زرع الثقة بالطفل وتعزيزها من خلال إعطاءه مصروفه لمدة يومين أو ثلاثة وتركه يوزعه بنفسه على الأيام المتفق عليها، ومدحه إذا أنجز المهمة بأنه أهل للثقة.

(www.geogarent.com/family/techniques/moral.htm)

ثانياً: العدالة fairness:

العدل هو إعطاء كل ذي حق حقه، وهذه الخاصية هي من أهم مكونات الذكاء الأخلاقي وركيزة أساسية فيه، فالعدل يعني أن ينظر الشخص إلى الفضيلة التي أمامه بحياديه بغض النظر عن مدى قرب الأشخاص أو بعدهم عنه في درجة القرابة أو المصلحة أو الفئة أو غيرها، وبغض النظر عن مصلحته الشخصيه، فيحترم العدالة حتى لو كانت نتيجتها ضد مصلحته، ويقر على نفسه بالخطأ إذا ارتكبه فعلاً، والعدالة تتطلب الشجاعة وتتضمنها، فقد يكون الشخص صاحب الحق ضعيفاً أو مضطهدا ويتطلب السلوك العادل من الفرد مواجهة قوة وأصحاب سلطة، قد يشعر الفرد أن وقوفه لجانب صاحب الحق قد يعود عليه بالضرر، وفقدان الحظوة والتقرب من المسؤول، لذا يتطلب السلوك العادل في كثير من المواقف شجاعة وجرأه في قول الحق والدفاع عنه، وفي الحالات البعيدة عن قدرة الفرد على التأثير مثل مشاهدة حالات من التمييز العنصري أو الظلم لشعوب أخرى، فإن أبسط درجات العدل هو التصريح برأيه حول الجهة الظالمة وأصحاب الحقوق المهدورة والتعاطف معهم .(www. nicheleborba .com)

ونقيض العدل هو الظلم الذي ينمو ويتغذى ويزدهر بفعل تحول الحياة نحو الجانب المادي منها، وازدياد مستوى التنافس بين الأفراد بدلاً من التعاون، فالقيم المادية التي تدفع الراشدين للانشغال عن الأطفال بجمع الأموال واقتناء البيوت الفاخرة والسيارات الفارهة وتزويدها بأفضل الكماليات الممكنة، إن المجتمعات تتجه أكثر فأكثر نحو تعزيز القيم المادية والتركيز على زيادة مقدار الكسب بغض النظر عن أية أمور أخلاقية مرتبطه به، وهذه النماذج السلوكية من أفعال الوالدين والمعلمين وغيرهم. جعلت الأطفال حتى في ألعابهم يركزون على الفوز فقط، بغض النظر عن استخدام الغش والخداع والتحايل بدلاً من ممارسة الألعاب حسب القواعد المتفق عليها بين الاطفال، ومعاملة الخصم بشكل حاد، لذا نجدهم مدفوعين لكسب الفائدة بغض النظر عن الثمن الأخلاقي الذي يخسرونه.

ولعل مشاهدة الأطفال واليافعين لسلوك الرياضيين المرموقين وأصحاب الشهرة في ممارسات تعاطي المنشطات والخشونة المقصودة في اللعب وإيذاء الخصم بشكل متعمد، والاعتداء على بعضهم كما فعل أحد أشهر لاعبي كرة القدم في العالم عندما ضرب خصمه برأسه ضربة عنيفة فأسقطه على الأرض بعد استفزاز الخصم له لفظياً.

أما قيم الناس التي يزرعها الوالدان والمعلمون في نفوس الطلبة لا تؤدي بالضرورة إلى تحسين الأداء وإنما تؤدي في كثير من الحالات إلى تركيز الطفل للحصول على نتيجة أفضل بغض النظر عن الأسلوب والطريقة فتصبح الغاية تبرر الوسيلة، فقد أشار العديد من الطلبة الذين تم ضبطهم وهم يغشون في الإمتحانات المدرسية في عدد من الدراسات،إلى أنهم مضطرون لهذا السلوك بسبب التوقعات المرتفعة التي يعلقها آباؤهم وأمهاتهم عليهم وبدرجة تفوق قدراتهم، لقد أدى التنافس الشديد بين الطلبة إلى قيام بعضهم بسرقة الكتب الدراسية وأدوات زملائهم الذين ينافسوهم.

ومن العوامل الأخرى المؤثرة بجانب عوامل الذكاء الأخلاقي هو ما يشاهده

الأطفال ويتفاعلون معه من تباين شديد في المجتمعات بين طبقة الأغنياء وطبقة الفقراء، وتلاشي الفرص في التساوي بين الأفراد، وانتشار قيم الرشوة والفساد المالي والإداري في الوظائف العامة، والطمع الشديد لدى التجار وأصحاب المال وسعيهم نحو الثراء الفاحش دون مراعاة لأحوال وظروف الفقراء، ويتطلب تحسين النمو الخلقي في جانب العدل تربية الأطفال على التعاون بدلاً من التنافس، والتزام الأبوين والراشدين بالعدل في ممارساتهم ليكونوا نماذج سوية أمام الاطفال، وتعزيز أي سلوك يتصف بالعدل يقوم به الطفل كي يقوى ويتطور.

ثالثاً: التمثل العاطفي Empathy:

ويقصد به القدرة على تفهم مشاعر الآخرين وانفعالاتهم، ووضع الشخص ذاته مقام الشخص الآخر، والشعور بشعوره، وعندها يتفهم الطفل أي إساءة تصدر منه نحو شخص آخر بأنه قضية غير أخلاقية، وتؤدي إلى أيذاء مشاعر الشخص الآخر، وذلك بنفس الدرجة والنوعية من المشاعر المزعجة التي يعايشها الفرد بنفسه ولو كان مقام الشخص (Lennik and Kiel 2005) وتعتبر حالة التمثل العاطفي واحدة من جوانب ما يعرف بنظرية العقل Theory of Mind والتي تعني قدرة الفرد على إدراك الحالات العقلية للآخرين وإدراك مشاعرهم وانفعالاتهم ورغباتهم، وتبدأ هذه القدرة بالظهور لدى الطفل بعد سن الثالثة من العمر، فيما يعجز الأطفال قبل ذلك السن من إدراك الحالات العقلية لدى الآخرين وإدراك انفعالاتهم ومشاعرهم، ويتأثر تطور هذه القدرة لدى الطفل بالعوامل الإجتماعية والأساليب الرئيسية والتفاعل الأسري الإجتماعي. (مقابلة،2004).

ويمكن أن يتأثر تطور نظرية العقل لدى الطفل والتمثل العاطفي تحديداً من خلال سوء المعاملة والإهمال والأذى، فإذا لم يتم إشباع الحاجات العاطفية لدى الأطفال الصغار، فإنهم قد لا يدركون أنهم بحاجة للاهتمام والإحساس بالحاجات العاطفيه للآخرين.

وينبغي أن يركز الوالدان في عمليات تنشئتهم الأسرية لأطفالهم على لفت انتباه الطفل وإشعاره بضرورة تفهم مشاعر الآخرين ومراعاتها، فإذا كان مع طفلهم قطعة حلوى أو عصير، فينبغي على الوالدين الإشارة للطفل كي يعطي طفلاً آخر ينظر إليه، وإخبارهم لطفلهم: تخيل نفسك مكانه وتتمنى أن تأكل من حلوى طفل آخر فهل تحب أن يعطيك أم لا؟

رابعاً: الرقابة الذاتيه Self control:

لقد أشار روتر (Rotter) قبل ما يقارب نصف قرن من الزمان عن وجود موقعين للتحكم المدرك (الضبط) لدى الإنسان، أحدهما خارجي والآخر داخلي، والضبط الخارجي يتعلق بضوابط الأسرة والمدرسين وبقية البشر حينما يستخدمون أساليب الثواب والعقاب في التعامل مع سلوك الأطفال، أما الضبط الداخلي فيحدث عندما يتمكن الفرد من التحكم بسلوكه بنفسه، فيقدم التعزيز لنفسه إذا قام بعمل جيد ويعاقب ذاته إذا شعر بأنه قام بعمل غير مقبول (الشاذلي،1995).

والخطوة الأساسية لحدوث الضبط الداخلي هو وجود رقابة داخليه فاعلة لدى الفرد، إذ ينبغي أن يلاحظ الفرد سلوكه بشكل منضبط وحيادي، كي يتمكن من إجراء تعديلات على سلوكه لاحقاً.

والرقابة الذاتية تمثل أيضاً أحد مكونات العمليات العقلية ما وراء معرفية، والتي تتيح مجتمعه للفرد فرصة السيطرة على عملياته العقلية والتحكم بها من خلال عمليات الرقابة والتنظيم والتوجيه والتغذية الراجعة التي يجريها الفرد على أداءه العقلي، وتساعد الرقابة الذاتية الفرد على تعديل أو تقييد دوافعه السلوكية، بحيث يفعل فقط ما يعتقد تماماً أنه الصواب من بين العديد من الخيارات المتاحة أمامه، إنها تدفع الفرد للقيام فقط بما هو أخلاقي وتجنب كل ما من شأنه تشويه سلوكه بفعل الانغماس الزائد في الملذات (www.findarticles com).

خامساً: العطف kindness:

هو الجهد الذي يبذله الشخص لتحقيق الراحة للآخرين ومراعاة مشاعرهم، إن الفرد العطوف لا يمارس أفعاله لدى الآخرين، ودوافع الشخص العطوف لا تكون متجهة نحو الحصول على مقابل أو خشية تلقي العقاب أو فقدان الرضا الإجتماعي، وإنما يقوم بأعمال دافعها الحنان والعطف على الآخرين، فالطبيب العطوف لا يقوم بعمله لأنه واجب عليه وإنما تجده متعاطفاً مع المريض ويشعر معه بألمه، ويقوم بكل ما من شأنه توفير أقصى درجات الراحه للمريض، كما يقوم المعلم العطوف بعمله بدافع محبة التلاميذ وإحساسه تجاههم بالحنان والرحمة والمودة. (www.michelebroba.com)

وتؤثر التنشئة الأسرية المفعمة بالعاطفة والحنان على اكتساب الأطفال لهذا المكون الأخلاقي، وتتوزع أنماط التنشئة الأسرية على محورين هما الضبط والعاطفة وفق الشكل التالي:

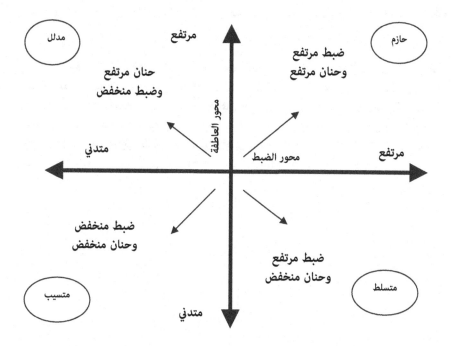

إذ تتفاوت الأسر في درجتي الضبط والسيطرة والتحكم في سلوك الأبناء ومراقبتها وتقويمها وتعديلها، وكذلك في درجة الحنان والعطف الذي تفرضه على أطفالها خلال التفاعل اليومي، ويشكل النمط الحازم الذي يظهر فيه الوالدان ضبطاً مرتفعاً لسلوك أبنائهم مع عاطفة مرتفعة أفضل أشكال التنشئة على مستوى إنجازات الأبناء ونموهم الإجتماعي والإنفعالي والخلقي، أما النمط المتسلط والذي يتكون من الضبط المرتفع في غياب العاطفة فيؤدي إلى تنشئة أطفال ذوي تحصيل أكاديمي جيد، ولكن بشخصيات غير سوية يسودها الريبة والقسوة في التعامل والقهرية في السلوك، في حين تؤدي العاطفة المرتفعة والضبط المتدني إلى نمط مدلل من الأطفال تسودهم اللامبالاة وافتقاد الجدية في التعامل، فيما يؤدي النمط المتسيب المنخفض في الحنان والعاطفة إلى أسوأ أنماط التنشئة ولظهور شخصيات منحرفة من الأفراد.

سادساً: الاحترام respect:

الاحترام هو أن تعامل الآخرين بالطريقة التي تحب أن يعاملوك بها، فتشعرهم بتقديرك لهم وبأنك تنظر إليهم نظرة يملؤها الإحترام والتقدير لهم.

وفضيلة الإحترام أساسية في تنشئة الأفراد، إذ ينبغي أن يركز الوالدان في تربيتهم لأبنائهم على ضرورة إظهار مشاعر الإحترام والتقدير للآخرين وخاصة الراشدين، فيتعلم الطفل مخاطبة الراشدين بكلمات مثل "عمو"، "لو سمحت"، "شكراً"، "أرجوك"، وغيرها من كلمات الإحترام، وإقران هذه الكلمات بأفعال تناسبها وتنسجم معها باتساق بين الفعل والكلمة، بمعنى أن يظهر احترامه للآخرين، فيطلب من الشخص كبير السن أن يجلس مكانه في الحافلة، أو يعطي دوره في مكان مزدحم لإمرأه حامل، ويبتسم لأقرانه عندما يقابلهم وغيرها من السلوكات، ويهدف الإحترام إلى أن يتعامل الأفراد مع بعضهم بمحبة وتقدير، وأن يتقبلوا أفكار بعضهم ومشاعرهم ومعتقداتهم وقيمهم واتجاهاتهم وميولهم دون استهزاء أو انفعال أو غضب، والإيمان المطلق بالاختلاف بين الأفراد هو ظاهرة طبيعية وصحية

وينبغي أن ينظر للإنسان على أنه محترم وذو قيمة.

. (www.michelebarba.com)

سابعاً: التسامح:

التسامح قيمة أخلاقية تظهر لدى الأفراد من خلال التزامهم بالعفو عن أخطاء الآخرين وتجاوزها واحترام كل مظاهر الإختلاف لدى الأفراد في الأفكار والمشاعر والاتجاهات والميول والرغبات والمعتقدات والتعامل الإيجابي مع جميع هذه المظاهر.

والتسامح لا يعني تنازل الفرد عن حقوقه وإنما هو أداة ووسيلة للحصول على الحقوق بكرامة واحترام، والتسامح لا ينم عن حالة ضعف وإنما هو حالة قوة، إذ لا يتسامح المظلوم مع ظالمه الأشد منه قوة، وإنما يعفو الشخص وهو في حالة قوة عن الشخص الذي ظلمه، كأن يعفو الطفل القوي عن صغير ضعيف رغم أنه أساء إليه، وخاصية التسامح تتطلب الصبر والقدرة على تحمل أخطاء الآخرين، وكذلك الاتزان الانفعالي وضبط الإنفعالات والتحكم بها، والقدرة على التواصل البناء مع الآخرين وعدم التزمت بالرأي والقدرة على طلب المشورة والنصيحة من الآخرين، والقدرة على التكيف مع الظروف الطارئة، وتجاوز مواقف الناقض مع الآخرين.

وتتشكل قيمة التسامح من بعد معرفي يتعلق بمعنى التسامح في ذهن الفرد وأشكاله وأهميته وانعكاساته على الفرد والجماعة، وبعد وجداني يرتبط بانفعلات ناضجة ومتوازنة وراقية بعيدة عن أسباب الغضب والهيجان والتحيز والتعصب والإفراط في الذاتية، وبعد أدائي يدور حول أنماط السلوك المرتبطة بالتعبير عن البعدين المعرفي والانفعالي تعبيراً سلوكياً.

المراجع

المراجع العربية:

<u>القرآن الكريم</u>

1. أبوجادو، صالح، (2005)، علم النفس التربوي، (ط4)، عمان: دار المسيرة.

2. ابورياش، حسين وآخرون، (2006)، الواقعية والذكاء الإنفعالي، عمان: دار الفكر.

3. بدوي، عبدالرحمن، (1975)، الأخلاق النظرية. وكالة المطبوعات، الكويت.

4. بوربا، ميشيل، (2003)، بناء الذكاء الأخلاقي، ترجمة سعد الحسني ومحمد جهاد، دار الكتاب الجامعي، العين، الإمارات العربية المتحدة.

5. بولياس يونغ، ايرل وجيمس، (1968)، المعلم أمة في واحدة. بيروت: دار الآفاق الجديدة.

6. بير، رونيه. التربية العامة، ترجمة عبدالله عبدالدايم، بيروت، دار العلم للملايين.

7. بيصار، محمد. العقيدة والأخلاق .

8. بيو، تشكنويتي، (1992)، التربية الأخلاقية في رياض الأطفال، ترجمة فوزي عيسى، بيروت: دار الفكر العربي.

9. توق، محي الدين قطامي، يوسف، عدس عبدالرحمن، (2003)، أسس علم النفس التربوي، ط3، عمان: دار الفكر للطباعة والنشر والتوزيع.

10. الجابر، زكي، المتولي، ثريا، (1985)، التعليم عبر القمر الصناعي العربي، المنظمة العربية للثقافة والعلوم.

11. جاد المولى، محمد. الخلق الكامل، دار قتيبة.

12. جبري، عثمان. الأخلاق والدين .

13. الجوهري، محمود، خيال، محمد. الأخوات المسلمات وبناء الأسرة القرآنية. الاسكندرية: دار الدعوة.

14. حمزة، عمر يوسف. معالم التربية في القرآن والسنة، عمان: دار أسامة.
15. الحياري، عبدالحميد. أخلاقيات المهنة.
16. الخشاب، أحمد، الاجتماع التربوي والإرشاد الإجتماعي.
17. خضير، طه عبدالسلام، (1985)، دراسات في علم الأخلاق. القاهرة: دار النهضة العربية.
18. الخطيب، بلال، (1988)، توزيع طلبة الجامعة الأردنية على مراحل النمو الأخلاقي حسب منبتهم الثقافي، رسالة ماجستير غير منشورة، الجامعة الأردنية، عمان.
19. الخطيب، جمال، (1987)، تعديل السلوك: القوانين والإجراءات، (ط1)، جمعية عمال المطابع التعاونية، عمان.
20. الدجاني، سعيد. آداب الطبابة وحقوق الإنسان.
21. الدسوقي، كمال، (1979)، النمو التربوي للطفل والمراهق، القاهرة: دار النهضة العربية.
22. دوركايم، اميل، التربية الأخلاقية. ترجمة السيد محمد بدوي، دار مصر للطباعة.
23. دياب، فوزية. القيم والعادات الاجتماعية.
24. الرشدان، جعنيني، (1994)، المدخل إلى التربية والتعليم، ط1، عمان: دار الشروق للنشر والتوزيع.
25. الرشدان، عبدالله، (1999)، علم اجتماع التربية، دار الشروق للنشر والتوزيع.
26. رضوان، أحمد محمود، (1994)،أخلاقيات مهنة التعليم ومدى التزام المشرفين التربويين بها من وجهة نظر مديري المدارس والمعلمين في محافظة الشمال، رسالة ماجستير غير منشورة، جامعة اليرموك، أربد، الأردن.
27. روس، جاكلين، (2001)، الفكر الأخلاقي المعاصر، ط1، بيروت: عويدات للنشر والطباعة.
28. الريماوي، محمد عوده، (1993)، علم نفس الطفل، ط1، عمان: دار زهران للنشر والتوزيع.

29. زاهر، ضياء، (1986)، القيم في العملية التربوية، (ط2). مؤسسةالخليج العربي.
30. زقزوق، محمود حمدي، (1983). مقدمة في علم الأخلاق، (ط3)، دار العلم للملايين.
31. زهران، حامد، (1977) علم النفس الإجتماعي، القاهرة: عالم الكتب.
32. زهران، حامد. علم النفس الإجتماعي، نبيل عبدالفتاح وعبدالرحمن سليمان، علم النفس الأجتماعي.
33. الزيات، فتحي، (1997)، الأسس البيولوجية والنفسية للنشاط المعرفية، القاهرة: مكتبة الأنجلو المصرية.
34. زيتون، حسن، (1991)، مهنة التعليم وأدوار المعلم، المنظور التربوي، (ط1).
35. السيوطي، جلال الدين عبدالرحمن بن أبي بكر، تحقيق ناصر الدين الألباني، (1996)، صحيح الجامع الصغير، ج3، بيروت: المكتب الإسلامي.
36. الشاذلي،محمود، (1995) العلاقة بين الفكر الابتكاري وكل من والمجال الإدراكي لدى عينة من طلبة الصف التاسع الأساسي، رسالة ماجستير غير منشورة، الجامعة الأردنية، عمان .
37. شحادة، كلمنيص ورفاقه، (1986)، التربية الصحية الإجتماعية في دور الحضانة ورياض الأطفال، عمان: دار الفرقان.
38. الشنتوت، خالد محمد، دور البيت في تربية الطفل المسلم، دار المطبوعات.
39. صبح، محمد أحمد. التربية الإسلامية
40. الصبيحي، عبدالفتاح، (1999). الأطفال والإدمان التلفزيوني.
41. صوالحة، حوامده، محمد مصطفى، (1994)، أساسيات التنشئة الإجتماعية للطفولة، عمان: دار الكندي.
42. طه، عبدالرحمن، (2000)، سؤال الأخلاق، (ط1). المغرب: المركز الثقافي العربي.
43. طهراوي، ابرهيم، (1986)، الأخلاق والأخلاقيات المهنية، رسالة ماجستير، الجزائر.

44. عبدالحميـد، الحيـاري، رشـيد ومحمـود، (1983)، أخلاقيـات المهنـة، (ط1)، عمان: دار الفكر للنشر والتوزيع.

45. عبدالدايم، عبدالله، (1973). التربية عبر التـاريخ مـن العـصور القديمـة حتـى أوائـل القـرن العشرين، (ط1)، بيروت: دار العلم للملايين.

46. عبدالله، قاسم محمد، (1996)، دور الأسرة التربوي في ضوء التربية الإسلامية، رسالة ماجستير في جامعة اليرموك.

47. عبيدات، سليمان. دراسة في عادات وتقاليد المجتمع الأردني.

48. عبيدات، سليمان. عادات وتقاليد المجتمع الأردني.

49. عفيفي، محمد الهادي، (1972). في أصول التربية، مكتبة الأنجلو المصرية.

50. عقلة، محمد. النظام الأخلاي في الإسلام.

51. علوان، عبدالله ناصح، تربية الأولاد في الإسلام، دار السلام.

52. غباشنة، خالد علي محمود، (1994) مدى التزام معلمي التربية الفنية بأخلاقيات مهنة التعليم من وجهة نظر مشرفيهم ومديريهم، رسالة ماجستير غير منشورة، اليرموك، أربد، الأردن.

53. غباشنة، مدى التزام معلمي التربية المهنية بأخلاقيات مهنة التعليم.

54. غرت، عبدالعزيز، (1956)، المقاولات الأخلاقية. القاهرة.

55. الفنيش، أحمد علي، (1982). التربية الاستقصائية. الدار العربية للكتاب.

56. القضاة، علي منعم، (1991)، مدخل إلى علم الإجتماع، المكتبة الوطنية، عمان.

57. قطب، محمد. منهج التربية الإسلامية، دار الشروق.

58. القماطي، هنية مفتاح، (1991)، الأخلاق والعرف، (ط1)، منشورات جامعة قار يونس، بنغزي، ليبيا.

59. قنديل، يس عبدالرحمن، (1414هـ)، التـدريس وإعـداد المعلـم، (ط1)، الريـاض: دار النـشر الدولي.

60. الكيلاني، ماجـد عرسـان، (1991)، اتجاهـات معاصـرة في التربيـة الأخلاقيـة، مركـز البحـوث الإسلامية في مكة المكرمة.

61. الكيلاني، ماجد عرسان، (1992)، اتجاهات معاصرة في التربية الأخلاقية، (ط1)، دار البشير .
62. الكيلاني، ماجد عرسان. مقدمة في فلسفة التربية.
63. مبارك، زكي. الأخلاق عند الغزالي.
64. محمد جمال عمر، (1990)، أخلاقيات مهنة الإدارة المدرسية، رسالة ماجستير غير منشورة، الجامعة الأردنية، عمان.
65. مرس، محمد منير، (1962)، فلسفة التربية واتجاهاتها ومدارسها، القاهرة: عالم الكتب.
66. مقابلة، بسام، (2004)، تطور نظرية العقل وعلاقة هذا المفهوم بالتفكير التباعدي والذكاء لدى الأطفال من سن، (3-6) سنوات، رسالة ماجستير غير منشورة، الجامعة العربية، عمان.
67. مكتب التربية العربي لدول الخليج، إعلان مكتب التربية العربي لدول الخايج لأخلاق مهنة التعليم، الرياض، 1405هـ.
68. منصور، عبدالمجيد سيد، الشربيني، زكريا أحمد، (1998)، علم نفس الطفولة اللأسس النفسية والإجتماعية والهدي الإسلامي، (ط1)، القاهرة: دار الفكر العربي.
69. ناصر، ابراهيم، (2001)، أسس التربية، دار عمار، (ط5)
70. ناصر، ابراهيم، (2002). محاضرات في الجامعة الأردنية.
71. النجيحي، محمد لبيب، فلسفة التربية، (ط1)، المكتبة التربوية.
72. نشواتي،عبدالمجيد، (1985)، علم النفس التربوي، (ط2)، عمان: دار الفرقان للنشر والتوزيع.
73. نصيرة، عقاب، (1995)، التنشئة الإجتماعية وأثرها في السلوك والممارسات الإجتماعية للفتيات، رسالة ماجستير، الجزائر.
74. هاتلنج، جون. أخلاقيات الصحافة.
75. وجيه، أحمد عبداللطيف. علم النفس الإجتماعي، (ط1) .

76. وزارة المعارف في المملكة العربية السعودية، (1418هـ)، دليل المعلم، (ط1)، الرياض: مطابع العصر.
77. وزارة المعارف، الإدارة العامة للإشراف الفني، (1418هـ)، دليل المعلم، (ط1)، السعودية.
78. الوقفي، راضي، (1998)، مقدمة في علم النفس، عمان: دار الشروق.
79. وليام، ليلى. المدخل إلى علم الأخلاق .
80. ياغي، محمد عبدالفتاح. الأخلاقيات في الإدراة.
81. يالجن، مقداد، (1977)، التربية الأخلاقية الإسلامية، مكتة الخانجي، مصر.
82. يالجن، مقداد، (1996) دور التربية الأخلاقية الإسلامية في بناء الفرد والمجتمع والحضارة الإنسانية، (ط1)، الرياض: دار عالم الكتاب.
83. يالجن، مقداد. دور التربية الأخلاقية الإسلامية.
84. يعقوب،غسان، (1982)، تطور الطفل عند بياجيه، بيروت: دار الكتاب اللبناني ومكتبة المدرسة.

المراجع الأجنبية:

1. Lennick, Douq&kiel fred ،(2005) Moral intelligence Enhuncing Business performance and leadership Success. Warton school publishing.
2. Gardner,H ،(1993) Multiple Intelligence: the theory in practice. Basic book. Newyork.
3. Myers,D,G ،(1995) Psychology, 4th ed. Worth publishers. Newyork.
4. Paterson,C ،(1991) Introduction to Psychology, Huper Collins publisgers inc. Newyork.
5. Shaffer, David R ،(1985) Devlepmental psychology Broks/ cole publishing Co. Monterey.

6. Miller,P,H ‚(1983) Theories of devlepment psychology . W.H. free man and company. San Francisco.

7. www.micheleborba.com

8. http// geometric.com/family/tschniques/morals.

9. www.co-intelligence.org/morality As. intelligence.

10. www.findarticles.com/p/articles/mi.

المحتويات

Printed in the United States
By Bookmasters